Y Llong Fawr

a storïau eraill

gan
Emily Roberts

CYHOEDDIADAU'R
GAIR

Y Llong Fawr a storïau eraill

ⓗ Cyhoeddiadau'r Gair, 1996

Testun: Emily Roberts.

Golygydd: John Emyr.

Golygydd Cyffredinol: Aled Davies.

ISBN 1 85994 039 0

Argraffwyd yng Nghymru.

Cyhoeddwyd gan:
Cyhoeddiadau'r Gair, Cyngor Ysgolion Sul Cymru,
Ysgol Addysg, PCB, Ffordd Deiniol,
Bangor, Gwynedd, LL57 2UW.

CYNNWYS

RHAGAIR

Profiad digon cyffredin i athrawon ein hysgolion a'n hysgolion Sul yw chwilio am storïau crefyddol i'w darllen i'r plant mewn gwasanaeth neu wers. Felly bydd y llyfr hwn, sy'n llawn storïau amrywiol a phwrpasol, yn sicr o gael ei groesawu a'i ddefnyddio.

Bu'r casgliad yn llwyddiannus, ynghyd â chynigion eraill, mewn cystadleuaeth yn yr Eisteddfod Genedlaethol. Sylwodd y beirniad fod y storïau hyn yn ddifyr ac yn dangos dyfeisgarwch, a bod tua hanner dwsin ohonynt yn addas i'w darllen i blant dan chwech oed. Mae'r rhan fwyaf o'r storïau yn addas i blant Cyfnod Allweddol 2 (8-11 oed). Ond yr athrawon eu hunain, wrth gwrs, ar sail eu hadnabyddiaeth o'r plant dan eu gofal, fydd yn gwybod pa storïau y dylid eu darllen ar unrhyw adeg neilltuol.

Emily Roberts

Ganwyd Emily Roberts yn 1919 yn Nerwen, Dyffryn Clwyd, ac ym mhentref cyfagos Gwyddelwern y cafodd ei swydd gyntaf fel athrawes plant bach. Yr oedd yn athrawes wrth reddf, ac yn un hynod o ymroddedig i'w galwedigaeth. Yn 1948, yn dilyn profiad ysbrydol (yn 1943) a fu'n drobwynt i'w bywyd, cafodd alwad i waith Cristnogol llawn-amser, a bu'n rhan o dîm ymroddedig a wnaeth waith efengylu gwerthfawr a phellgyrhaeddol. Yn 1949 symudodd Emily a'i chwaer Wena o'u cartref yn Nyffryn Clwyd i fyw yng nghwm pellennig Mawddwy. Yma fe wnaethant eu cartref ym mwthyn Aber Rhiwlech, ac am nifer o flynyddoedd bu drws y cartref hwn yn agored led y pen i ymwelwyr o bob rhan o Gymru.

Yng ngwanwyn 1955 derbyniodd Emily Roberts alwad i waith Cristnogol arloesol yng Nghaernarfon, yn stad Sgubor Goch. Ymroddodd ar unwaith i'r gwaith o adnabod y trigolion a'u gwasanaethu, ac o'i chanolfan yng nghapel Noddfa gwasanaethodd i'w hanghenion corfforol ac ysbrydol am gyfnod o ddwy flynedd ar hugain. Yn y cyfnod hwn ysgrifennodd emynau ynghyd â chaneuon i blant (gweler *Caneuon Noddfa*), gan ddatblygu hefyd ei dawn storïa hynod.

Ar hyd y blynyddoedd, yr oedd yn arfer ganddi gadw dyddiadur, ac y mae cyfrolau ei dyddiaduron yn dangos yn eglur ei hymroddiad i'r bererindod Gristnogol a'i diddordeb yn hynt a helynt Cymru a'i phobl. Drwy ddrycin a hinon, bu'n ddiwyd yng ngwaith ei Harglwydd yng Nghymru, a'n gobaith yw y bydd y gyfrol hon yn gyfrwng i barhau ac ymestyn ei gweinidogaeth.

Bu farw Emily Roberts ar Fedi 4, 1995, a'i chladdu ym mynwent Llanbeblig, Caernarfon.

Hoffwn ddiolch i swyddogion gwasg Cyhoeddiadau'r Gair am ymgymryd â'r gyfrol ac am eu gofal ynglŷn â'i chyhoeddi.

John Emyr

Y Wraig Gam

Tybed beth y byddem ni'n ei ddweud pe baem ni'n gweld dynes yn cerdded yn hollol gam, a byth yn sythu? Gwn am rai plant cas fyddai'n dweud , "Ha, ha - hen wraig od" neu "hen wraig gam". Mae yna stori am un felly yn Efengyl Luc.

Roedd hi bob amser yn gam am fod rhywbeth o'i le ar asgwrn ei chefn, a bu'r hen grydures felly nid am wythnos neu bythefnos, ac nid am fis neu flwyddyn na deng mlynedd chwaith, ond am ddeunaw mlynedd. Meddyliwch mewn difrif, deunaw neu ddau naw, sef un deg wyth, o flynyddoedd. Meddyliwch am funud am y pethau na allai eu gwneud yn y tŷ, a hyd y gwn i nid oedd ganddi unrhyw un i'w helpu, ac nid oedd sôn am "gymorth yn y cartref" bryd hynny. Methai gyrraedd dim oddi ar y dodrefn. Yr oedd ar ben arni i roi dim ar silff uchel. Methai weld y cloc ar y wal. Methai weld trwy'r ffenestri gan eu bod braidd yn uchel fel llawer yn nhai y Dwyrain. Wn i ddim pryd y gwelodd hi'r nenfwd - dim ers deunaw mlynedd beth bynnag, dim ond gweld y llawr o hyd ac o hyd.

Ac wedi mynd allan, dim ond y ffordd neu'r llwybr a welai o hyd, a dim ond traed a choesau - byth wynebau. Efallai y gwelai flodau bôn y clawdd, ond nid y coed. Gwelai'r ddaear ond byth yr awyr, byth y sêr, byth y lleuad, byth yr haul, na'r wawr na lliwiau'r machlud - byth. Am faint? Un wythnos? Nage - deunaw mlynedd.

Tybed ble oedd hi ar y Sul? Gartre, efallai? Wedi'r cwbl, roedd ganddi hi ddigon o esgus i beidio â mynd i'r capel, neu'r eglwys, neu synagog yr Iddew. Ond na, nid gartre yr oedd hi ar y Sul. Ar y diwrnod hwnnw roedd hi'n mynd i'r synagog i addoli Duw.

"Bore da," meddai wrth y traed a welai yn pasio, ond nid pawb a ddywedai "bore da" wrthi hi. Ie, traed, traed. Efallai y gwelai wyneb ambell blentyn bychan, ond dyna'r cyfan.

Roedd yna bregethwr dieithr yn y synagog y bore hwn. Fe fyddwn ni'n cael pregethwr dieithr weithiau, yn byddwn, yn ein capel neu'n heglwys ni.

Pwy oedd y pregethwr hwn? Rhywun arbennig iawn. Ie, Iesu o Nasareth. Ac meddai'r wraig wrthi hi ei hun wrth geisio'i gosod ei hun yn weddol gyfforddus yn y cefn, a'i phen i lawr o hyd wrth gwrs, "Clywais sôn am y pregethwr hwn, a chlywais ryw si ei fod yn iacháu pobl". Ssh - mae'r gwasanaeth yn dechrau, a dyna lais caredig sydd ganddo. Ac mae'r hanes yn dweud bod yr Iesu wedi sylwi ar y wraig â'i phen i lawr ac "Efe a'i galwodd hi ato".

"Mae'n fy ngalw i," meddai wrthi ei hun, "O diar, gwnewch le i mi basio, os gwelwch yn dda, mae Iesu yn fy ngalw i."

Ni allai weld ond llawr y synagog - ac yna traed yr Iesu a dyma fe'n dweud, "Ha wraig - rhyddhawyd di o dy wendid", ac yna mae'n rhoi ei ddwylo tyner arni, a syndod y byd, mae ei chefn yn sythu a'r wyneb cyntaf a welodd oedd wyneb annwyl Iesu Grist.

"O! diolch", meddai'r wraig, oherwydd meddai'r hanes, "Hi a ogoneddodd Dduw".

Oedfa ryfedd oedd honno, a bu sôn amdani am hir iawn yn y fro, ac edrychai plant a phobl yn syn ar y wraig â'i chefn mor syth ag unrhyw gefn.

Beth pe bai hi wedi aros yn y tŷ y Sul hwnnw?

Peidiwn byth â cholli oedfa (os na fyddwn yn rhy sâl i fynd) rhag ofn i rywbeth rhyfedd ddigwydd yn yr oedfa a ninnau ddim yno ac yn cael colled fawr.

O! gall, fe all ddigwydd. Oherwydd mae'r Iesu yn Iesu BYW.

Moses Bach

Y mae llawer o sôn yn y newyddion, o bryd i'w gilydd, am rai o wledydd y Beibl - gwledydd fel yr Aifft a Syria, Libanus (Lebanon) ac Israel. Gwledydd y Dwyrain Canol yw'r rhain, ac maen nhw'n wledydd sydd wedi gweld llawer o ymladd a brwydro drwy'r canrifoedd. Yn wir, roedd sŵn traed milwyr i'w clywed yn yr Aifft amser maith yn ôl. Dowch hefo mi yn ôl yn awr, nid deng mlynedd, nid can mlynedd, ond cannoedd o flynyddoedd cyn geni Iesu Grist. Oedd yr oedd sŵn traed milwyr bryd hynny yn yr Aifft a'r rhai hynny yn dod yn nes, nes.

Ond gadewch i ferch fach tua'r un oed â chi ddweud yr hanes. Miriam oedd ei henw.

*　　　*　　　*

Gwrandewch. Ie, sŵn milwyr - tramp, tramp, tramp. Rhedais i'r ystafell lle'r oedd fy mrawd bach wedi ei guddio. Yr oedd yn cysgu'n drwm. Sefais wrth y drws ac ofnwn gymryd fy ngwynt bron. Ond toc aeth sŵn traed y milwyr yn wannach, wannach. O! diolch. Ond pam cuddio baban bach? Mi ddywedaf i wrthych. Tri mis oedd oed fy mrawd bach, ac roeddem wedi gorfod ei guddio am fod y brenin creulon wedi gorchymyn i'r milwyr ladd pob bachgen yn perthyn i'r Hebreaid (neu'r Israeliaid) yn yr Aifft.

Daeth mam i mewn . Roedd hi'n crynu fel deilen. "O! diolch ei fod yn cysgu'n dawel," meddai, "ond allwn ni byth ei guddio lawer yn hirach." A dechreuodd grio.

"Ond mae Duw yn siŵr o'n helpu," meddwn wrthi, er nad oedd gen i y syniad lleiaf sut y gwnâi hynny. Ac fe aeth mam a minnau ar ein gliniau ar y llawr caled i ofyn i Dduw ein helpu.

Y bore wedyn dywedodd mam, "Mae Duw wedi dweud wrtha i beth i'w wneud. Mae'n anodd deall, ond tyrd i'm helpu. Rhaid inni wneud cawell (neu grud) i'r babi." Gyda'n gilydd fe wnaethom rywbeth tebyg i fasged â chaead arni, o frwyn, a llenwi pob twll hefo clai a rhywbeth tebyg i dar. Ar ôl i'r cwbl sychu, rhoddodd mam ddillad gwely cynnes yn y cawell a rhoi fy mrawd bach i orwedd ynddo. Roeddwn i'n methu'n lân â'i ddeall.

"Tyrd," meddai, "mi awn ni at yr afon."

9

Er syndod mawr i mi, gwelwn mam yn cuddio'r cawell yn ofalus yng nghanol y brwyn ar lan yr afon. "Does bosibl eich bod am adael fy mrawd bach yn y fan hyn," meddwn wrthi. "Ydw," meddai, "y mae yn nwylo Duw yn awr, ac mae Ef yn siŵr o ofalu, ond fe gei di aros am ychydig i weld beth fydd yn digwydd, os hoffi di."

Aeth mam ac arhosais innau i wylio. Roeddwn i'n ofnus iawn, ac roedd gen i awydd rhedeg i nôl y cawell a mynd ag ef nerth fy nhraed adre'n ôl. Ond na, fe ddywedodd mam, "Mae Duw yn siŵr o ofalu," ac fe ddylai hi wybod. Ond ust! beth yw'r sŵn yna? - sŵn lleisiau. Er fy mraw gwelais ferch y brenin a'i morynion yn cerdded ar lan yr afon ac i gyfeiriad y cawell. Fydden nhw'n gweld fy mrawd? Oedd, roedd merch y brenin wedi ei weld, ac wedi anfon morwyn yno i'w nôl. Doeddwn i ddim yn ddigon agos i glywed y cwbl, ond roedd syndod ar wyneb pawb. Ac O! clywn fy mrawd bach yn crio a merch y brenin yn dweud, "Un o blant yr Hebreaid ydi hwn, a rhaid cael rhywun i ofalu amdano fe. Na, ni chaiff fy nhad ei ladd, rwyf am ei gadw fel mab i mi."

Ni wyddwn beth i'w wneud ond rhuthrais ymlaen at ferch y brenin a syrthiais wrth ei thraed. "O plîs," meddwn i, "fy mab i fydd hwn ond carwn iddo gael ei fagu mewn cartref Hebreig." Rhedais adref, do, bob cam, a rhuthro trwy'r drws. Roedd mam yn eistedd ar yr aelwyd a'r dagrau yn wlyb ar ei hwyneb o hyd. "O mam fach," a dywedais yr holl stori wrthi. Dyna lawenydd oedd yn ein tŷ ni y noson honno. Nid anghofiaf y noson, byth.

   *   *   *

Wyddoch chi beth? Cafodd y bachgen, wedi iddo dyfu'n ddyn ifanc, fynd i fyw i balas y brenin, a chafodd enw wedi'i ddewis iddo gan ferch y brenin. Moses oedd yr enw, a'i ystyr yw "o'r dŵr y tynnais ef."

Dyma sut y cafodd un o blant yr Hebreaid ei gadw'n fyw.

Duw mawr oedd Duw Moses,
Duw mawr oedd Duw Moses,
Duw mawr oedd Duw Moses;
Gyda Duw y daeth Moses yn fawr.

Y Llong Fawr

Ymhell bell yn ôl, yn fuan wedi i'r byd gael ei greu, yr oedd yna lawer iawn o bobl ddrwg yn y byd. Doedden nhw ddim yn ffeind wrth ei gilydd: roedden nhw'n brifo ei gilydd, a doedden nhw byth yn meddwl am Dduw na beth yr oedd Duw eisiau iddyn nhw ei wneud. Roedden nhw'n hunanol a byth yn dweud "Mae'n ddrwg gen i".

Roedd Duw yn ddig wrthyn nhw, ac mi ddywedodd y byddai'n anfon glaw mawr a'u boddi i gyd am eu bod mor ddrwg. Ond roedd yna un dyn da yn ufudd i Dduw ac yn garedig. Roedd ganddo enw digon anarferol, sef Noa. Oes yna blentyn yn yr ysgol a'i enw'n Noa? Go brin. Roedd yn byw gyda'i wraig a'u tri bachgen, Sem, Cham, a Jaffeth.

Wel, dyn da oedd Noa ac yn gwneud yr hyn roedd Duw yn ei ddweud. "Nid wyf am foddi Noa a'i deulu," meddai Duw, ac fe ddywedodd wrth Noa ei fod am iddo adeiladu llong fawr, neu "arch" - dyna'r gair yn y Beibl. Cafodd Noa y mesur gan Dduw, yr union fesur. Roedd yr arch i fod yn dri llawr, i gael digon o le i gadw bwyd i'r teulu a'r holl anifeiliaid a'r adar, oherwydd roedd dau o bob anifail a dau o bob aderyn i fynd i'r arch. Roedd ffenestr a drws i fod i'r arch, ac roedd Noa i'w phaentio oddi mewn â thar du i rwystro'r dŵr rhag mynd i mewn. Dyna i chi waith i Noa, a gobeithio bod yr hogiau wedi helpu. Ac wrth i Noa hel y coed a'u torri i'r maint iawn, dyma'r bobl ddrwg yn hel o gwmpas a gweiddi, "Hen ddyn hurt, hen ddyn gwirion - gwneud llong fawr ar dir sych a dweud ei bod yn mynd i lawio glaw mawr."

O'r diwedd roedd yr arch yn barod. Dywedodd Duw wrth Noa am fynd â dau o bob anifail ac aderyn i'r arch: dau gamel, yn wryw a benyw; ceffyl a chaseg; iâr a cheiliog; dau aderyn to - dau o bob peth, yn wryw a benyw, y gallai Noa feddwl amdano.

Yna aeth Noa a'i wraig i mewn i'r arch. Hefyd aeth Sem, Cham a Jaffeth a'u gwragedd i mewn i'r arch. Ac fe ofalon nhw fod ganddyn nhw ddigon o fwyd gyda nhw achos roedden nhw i fod yn yr arch am amser hir iawn. O'r diwedd daeth y foment fawr. Dyma nhw'n cau drws yr arch yn dynn.

11

"Ha, ha," chwarddai'r bobl ddrwg, "edrychwch arnyn nhw. Maen nhw wedi mynd i mewn i'r arch a does 'na ddim dafn o ddŵr yn disgyn. Ond arhoswch funud - dyna smotyn o law, a mwy a mwy, fel glaw taranau. Roedd hi'n tywallt y glaw a'r bobl ddrwg yn rhedeg adre yn wlyb at eu crwyn. Yna dechreuodd y dŵr godi yn y caeau. "Dim ots," meddai un o'r bobl ddrwg, "fe ddringa i i ben y goeden."

"A minnau i ben y tŷ," meddai un arall.

Ond dyna ddychryn a wnaeth y bobl ddrwg. Cododd y dŵr dros bob tŷ a choeden a chraig, a chafodd y bobl ddrwg eu boddi i gyd, fel roedd Duw wedi dweud, a dim ond Noa a'i deulu a'i anifeiliaid a'i adar oedd yn sych ac yn saff. Do, fel lawiodd ddeugain niwrnod a deugain nos a boddwyd pawb a phopeth oedd y tu allan i'r arch.

Fe dalodd i Noa fod yn ddyn da, yn do? Fe dalodd iddo wrando ar Dduw. Fe dalodd iddo ufuddhau i Dduw a gwneud fel roedd Duw yn gofyn.

Fe dâl i ninnau hefyd.

Rhyddhau'r Capten

Stori o lyfr y Brenhinoedd sy gennym heddiw. Y mae dau lyfr y Brenhinoedd yn yr Hen Destament, ac o'r ail y daw'r stori hon.

Un tro yr oedd caethferch ifanc yn byw yn Syria. Er ei bod hi'n gaethferch, yn gorfod byw yn Syria, ymhell o'i gwir gartref yn Israel, roedd hi'n llawer hapusach yn awr nag y bu. Ar y dechrau, roedd popeth fel breuddwyd cas. Cofiai'r ferch fach yma, hyd yn oed pan oedd yn effro, am y diwrnod ofnadwy hwnnw. Daeth rhybudd i ffoi am fod y gelynion yn dod o Syria a'u bod yn dod yn nes, a bob dydd yr oedd gweiddi mawr o gwmpas ei chartref, a hynny mewn iaith nad oedd hi a'i theulu yn ei deall. Ac yna y curo mawr ar y drws, a'r milwyr yn rhuthro i mewn. Gwelai o hyd y dagrau yn llygaid ei mam a daliai i gofio'r braw a gafodd pan afaelodd un o'r milwyr ynddi a'i chario allan i'r nos. Yna'r daith hir dros yr anialwch a chyrraedd tŷ mawr dieithr. A'r ferch fach yn gaeth - yn gaethferch.

Roedd hi bron â thorri ei chalon. Tywysog pwysig oedd ei meistr, Naaman, ond nid oedd ef na'i meistres yn credu yn y gwir Dduw, Duw Israel. Ond wrth i'r amser fynd heibio, penderfynodd y gaethferch ifanc ddangos i'r bobl baganaidd a oedd o'i chwmpas mor dda y gallai un a oedd yn credu yn y gwir Dduw ymddwyn, a gwnaeth ei gwaith o ddydd i ddydd yn ofalus a ffyddlon.

Yna, un diwrnod, clywodd yn y gegin fod ei meistr yn sâl o'r gwahanglwyf. Salwch difrifol oedd y gwahanglwyf, ac yn wahanol i heddiw nid oedd neb yr adeg honno yn gallu gwella'r salwch hwn. Gwaeth na'r cyfan, fel mae ei enw yn dweud, roedd yn rhaid cadw ar wahân i bawb arall. Mae rhai ohonom a gafodd y frech goch yn gwybod sut deimlad yw gorfod cadw ar wahân i'n ffrindiau rhag ofn iddyn nhw ddal y frech goch oddi wrthym. Yn achos y gwahanglwyf, yr oedd marciau gwyn (nid rhai coch fel gyda'r frech goch) ar y corff, ac âi pwy bynnag oedd yn dioddef ohono yn salach ac yn salach. Yn wir, byddai'r rhai oedd yn sâl o'r gwahanglwyf yn gwisgo cloch am eu gwddf, ac wrth iddyn nhw symud bydden nhw'n canu'r gloch fel pe baen nhw'n dweud, "Rhedwch, rhedwch, ewch, ewch - mae'r gwahanglwyf arna i."

Ac ar y dechrau, fel hyn y siaradai'r gaethferch fach â hi ei hun. "Arno fe, fy meistr, y mae'r bai. Mae'n haeddu hyn - hen ddyn cas yw e." Ond cofiodd am Eliseus, y proffwyd o'i gwlad ei hun, a oedd wedi gwneud cynifer o bethau rhyfeddol gyda help Duw. Ac meddai wrthi hi ei hun, "Mi wn i y gallai Eliseus helpu fy meistr, ac nid yw'n iawn imi beidio â dweud."

Ac wedi meddwl cryn lawer, aeth at ei meistres a dweud, "O na fuasem yn Israel!" meddai. "Gallai fy meistr fynd at y proffwyd, Eliseus. Byddai ef yn ei wella."

Penderfynwyd gwrando ar y gaethferch fach.

Bu paratoi mawr, ac o'r diwedd dyma nhw'n cychwyn i gyfeiriad Israel. Wylodd y gaethferch fach yn hidl - methai â stopio crio. O! fel yr hoffai fynd hefo nhw, achos roedd yn adnabod y proffwyd ac yn gwybod lle'r oedd yn byw. Ond na, nid oedd gobaith iddi fynd.

"Dyna beth gwirion oedd dweud am y proffwyd," meddai llais bach y tu mewn iddi. "Beth os na all y proffwyd iacháu'r afiechyd - efallai y bydd yn anfodlon i'w weld o gwbl."

Eto teimlai ei bod yn adnabod y proffwyd, Eliseus, yn well na hynny, ac yn adnabod ei Dduw.

Arhosodd mor dawel ag y gallai hyd y dydd mawr pryd y daeth ei meistr, Naaman, yn ôl. Sut y daeth yn ôl? Ai yn farciau gwyn i gyd? Nage, yr oedd wedi gwella yn iawn.

Fe ddaeth adref yn iach,
Fe ddaeth adref yn iach;
O! mor llawen oedd Naaman,
Fe ddaeth adref yn iach.

Cyn bo hir gwelodd y gaethferch fach newid arall yn ei meistr. Nid oedd yn addoli duwiau o bren ac o garreg mwyach, ond addolai yr un Duw â hithau. Pa ryfedd ei bod gymaint yn hapusach. A dyna sut y rhyddhawyd y Tywysog pwysig Naaman trwy'r gaethferch fach.

Daeth gan gredu yn Nuw,
Daeth gan gredu yn Nuw,
Nid arhosodd yn bagan,
Daeth gan gredu yn Nuw.

Y Gwas Drwg

Y mae'r stori hon yn perthyn yn agos iawn i'r stori flaenorol. Stori yw hi, nid am gaethferch y tro hwn, ond am was - gwas pwysig iawn, gwas neb llai nag Eliseus a fendiodd Naaman. Gwelodd y gwas hwn ei feistr, Eliseus, ar ei liniau lawer gwaith, ond y dyddiau a hoffai orau oedd y rhai pryd y câi fynd gyda'i feistr pan oedd yn mynd i bregethu, achos byddai ei feistr yn siŵr braidd o wneud gwyrthiau bryd hynny.

Fe welodd ei feistr un tro yn llenwi pob llestr gwag, oedd yn nhŷ rhyw wraig weddw dlawd, ag olew gwerthfawr. Dim ond dipyn bach o olew oedd ganddi mewn un llestr ar y dechrau, ond ar ôl i Eliseus lenwi pob llestr y gallai'r wraig weddw dlawd gario iddo, fe beidiodd yr olew, a gallodd yr hen wraig werthu'r olew i gael arian i dalu ei dyledion i gyd. "Hud, *magic*," meddech chi. Nage, nid hud ond gwyrth.

Ond doedd hynny ddim byd i'r hyn a welodd y gwas ryw ddiwrnod poeth yn yr haf. Bachgen bach wedi cael twymyn haul (*sunstroke*), ac roedd wedi marw. Oedd, yr oedd yn farw. "Fe'i gwelais fy hun," meddai'r gwas, "oherwydd fe gefais fy anfon gan y meistr i'w weld, ac roedd yn farw hollol heb allu symud llaw na throed na dweud na chlywed yr un gair. A dyna syndod, ar ôl i'm meistr fod gydag e, roedd yn fyw - yn fyw cofiwch."

Ond ni fu'r gwas yn hir iawn yn nhŷ ei feistr. Nid dewis newid ei le a wnaeth, chwaith, ond cael ei yrru i ffwrdd. Do, cafodd ei droi allan gan ei fesitr ac fel hyn y bu.

Fe gofiwch, yn y stori cyn hon, i Eliseus iacháu Capten yn y fyddin o'r gwahanglwyf. Clywodd y gwas ei feistr yn gwrthod yn lân â chymryd dim ganddo am ei iacháu - er ei fod yn cynnig arian ac aur a pheth wmbredd o ddillad hardd. "Wel, wir," meddai'r gwas wrtho'i hun, "os yw'r meistr mor ffôl â gwrthod rhywbeth ganddo, mi fynna i gael rhai o'r pethau yna."

Heb i Eliseus wybod, fe redodd ar ôl y Capten, a bu'n rhaid iddo redeg yn bell hefyd oherwydd fod Capten Naaman a'i gerbydau'n mynd yn gyflym iawn. Wedi ei ddal, daeth Naaman o'i gerbyd a gofyn i'r gwas a oedd popeth yn iawn. A dyna'r gwas yn

15

dweud dau gelwydd wrtho - ie, nid un ond dau. Dweud yn gyntaf fod yna ddau lanc dieithr wedi dod i dŷ ei feistr yn gofyn a gaent dalent o arian (rhyw £500 o'n harian ni) a dwy siwt. Nid oedd pobl ddieithr ar gyfyl tŷ ei feistr, ond ni feddyliodd Naaman am funud nad oedd y gwas yn dweud y gwir, ac fe roddodd yr arian a'r dillad yn llawen, gan dybio bod Eliseus wedi newid ei feddwl. Ac anfonodd Naaman ddau o'i weision ei hun i fynd gyda gwas Eliseus am fod y pethau mor drwm. Ni fu'r gwas erioed mor gyfoethog, ac yn sicr ni chafodd erioed ddau was i gario pethau iddo o'r blaen.

Wrth ddod yn nes at dŷ ei feistr, roedd arno ofn i'w feistr eu gweld, ac wedi dod i ryw le arbennig, dyma fe'n dweud wrth y gweision y gallai wneud yn iawn yn awr, a'u hanfon yn ôl at Naaman.

A beth wnaeth ef â'r pethau wedyn? Fe'u cuddiodd nhw'n slei, ac yna mynd am y tŷ heb gymryd arno fod dim wedi digwydd. "Ble buost ti?" gofynnodd ei feistr. A dyma'r gwas yn dweud celwydd arall. "Fûm i ddim yn unlle," meddai. Os dywedir un celwydd, rhaid dweud un arall i geisio ei guddio.

Ond roedd Duw wedi gweld y gwas, ac roedd Duw wedi dweud wrth Eliseus. Ac meddai Eliseus wrth y gwas, "Nid oedd yn iawn i ti gymryd yr arian a'r dillad, na meddwl prynu pethau hefo nhw. Roeddet ti'n meddwl prynu gwinllan, a defaid, a gwartheg, a gweision, a morynion hefo'r arian, ond weli di mohonyn nhw byth. Yn lle hynny cei dy gosbi. Dy gosb fydd dioddef o'r union glefyd a oedd ar Naaman."

Mae yna adnod sy'n dweud fel hyn, "Ym mhob lle y mae llygaid yr Arglwydd yn gweld y da a'r drwg."

16

Defnyddio'r Arian

"A gefaist ti stori o'r Beibl y bore yma yn yr ysgol Mari?"
"Do, mam, ond doeddwn i ddim yn ei deall hi'n dda. Sôn am ddyn yn mynd ar daith bell ac yn rhannu talentau, neu lot o arian i'w weision, ac eisiau iddyn nhw eu gwneud yn fwy."
"Mi wn i am y stori yna o Efengyl Mathew," meddai mam Mari, "ond mi ddyweda i stori arall wrthyt ti, ac efallai y byddi'n deall yn well wedyn. Gwranda rŵan."

"Llongwr oedd tad Wil, Siân, Mari (yr un enw â thi) a John, a llongwr pwysig iawn. Roedd yn Gapten ei long ei hun. A dyna falch oedd y plant pan ddywedai eu mam wrth ddarllen llythyr ganddo, 'Mae eich tad yn dod adre yfory.' Weithiau byddai i ffwrdd am fisoedd lawer, ond pan fyddai sôn ei fod am ddod adref, byddai'r plant uwchben eu digon. 'Hip-hip-hwrê,' fyddai eu cri wedyn, gan neidio o gwmpas y gegin. Byddai eu tad bob amser yn dod ag anrhegion iddyn nhw.

"Un tro, cyn iddo fynd i ffwrdd, galwodd y Capten ei blant ato a dweud, 'Rwy'n mynd i ffwrdd yfory ac mi fydda i ffwrdd am hir, ond rydw i am roi arian i bob un ohonoch chi, ac rydw i am i chi wneud yr arian yn fwy erbyn y dof adre y tro nesa.' Rhoddodd 50c i Wil, 40c i Siân, 30c i Mari a 20c i John. 'Dyna chi,' meddai, '- eu defnyddio i wneud mwy cofiwch.'

"Aeth yr amser heibio'n gyflym, a bu cryn feddwl a siarad ymhlith y plant beth i'w wneud â'r arian wedi i'w tad fynd. Aeth Wil i brynu gwerth 50c o goed a oedd dros ben yn yr iard goed. Gwnaeth drol neu ddwy i blannu blodau a thair o felinoedd gwynt bychain. Gobeithiai eu gwerthu ac y byddai ganddo bunt loyw gron i'w rhoi i'w dad.

"Prysur yn gwau yr oedd Siân. Roedd hi wedi prynu edafedd ac yn meddwl gwneud dau orchudd potel dŵr poeth a'u gwerthu yn yr arwerthiant yn yr ysgol, a gobeithiai gael 80c i'w rhoi i'w thad. Gwau rhai fel rhai ei mam, ar un patrwm, oedd ei bwriad.

"A beth wnaeth Mari, tybed? Wel, fe brynodd hi werth 30c o hadau blodau, a chafodd gornel fach o'r ardd fach gan ei mam i'w plannu. Duw ddaru eu tyfu, a thyfu wnaethon nhw hefyd. A beth wedyn? Wel, eu gwerthu yn arwerthiant neu 'jymbl sêl' yr ysgol. Cafodd ddigon o gwsmeriaid a dyblodd yr arian.

"Ond beth am John a'i 20c? 'Na,' meddai, 'dydw i ddim am brynu coed a thorri fy mysedd wrth eu trin, a fedra i ddim gwau, ac rwy'n siŵr na fydd yr hadau yn tyfu. Ac mae arna i ofn colli'r 20c. Mi wn i be wna i. Eu lapio nhw'n dynn yn fy hances a'u rhoi mewn bocs a gofyn i mam ei gadw yn saff yn y ddesg yn y parlwr. Ie, dyna fyddai orau i mi.' A hynny a wnaeth.

"Ymhen hir a hwyr, daeth y Capten adre o'r môr. Ac meddai un noson, 'Rwy'n awyddus i gael gwybod be wnaethoch chi â'r arian a roddais i chi cyn mynd ar fy nhrip diwetha.'

"Galwodd Wil ato yn gyntaf. Rhoddodd Wil hanes prynu'r coed a gwerthu'r pethau i'w ffrindiau. 'Dyma bunt loyw gron i chi, dad.'

'Campus,' meddai ei dad, 'da machgen i.'

Yna daeth Siân i sôn am ei gwau. 'A dyma 80c i chi.'

'Ardderchog,' meddai ei thad, 'dyna ferch ddiwyd.'

"Brysiodd Mari ato wedyn a dringo ar ei lin a dweud wrtho hanes hau'r hadau blodau, ac fel y bu iddyn nhw dyfu a blodeuo ac iddi hithau eu gwerthu yn arwerthiant yr ysgol. 'Da iawn,' meddai ei thad, 'fe wnest yn dda â'r ychydig a gefaist.' Yna meddai wrth John, 'Tyrd John, be wnest ti ohoni?'

"Daeth John ato yn swil â darn 20c poeth yn ei law i'w roi i'w dad.

'Be,' meddai ei dad, 'dim mwy?'

'Na,' meddai John, 'roedd arna i ofn ofnadwy colli'r 20c rhag ofn i mi gael drwg gennych chi, ac fe'i cuddiais yn saff, a dyma'r 20c yn ôl i chi yn union fel y cefais e.'

'Ond John bach, rydw i'n siomedig iawn,' meddai'r Capten, 'ac am i ti beidio â thrio gwneud dim, dos â'th arian i'r un sydd ganddo fwyaf - dos â'r 20c i Wil.'

"Rŵan, Mari, wyt ti'n deall y stori a gefaist gan yr athrawes y bore 'ma?"

"Ydw, yn well o lawer," meddai Mari. Un dda am ddweud stori ydych chi, mam."

Martin yr Hen Grydd

Wyddoch chi beth yw crydd? Ie, dyn yn trwsio 'sgidiau. Roedd gan ddyn enwog o Rwsia stori dda am grydd, a dyma hi. Byw ei hunan yr oedd Martin y crydd, ond ni fyddai byth yn unig. Roedd ganddo ei waith yn y dydd, a galwai llawer yn ei weithdy. A chyda'r nos, wedi cau'r siop a goleuo lamp, tynnai'r hen Feibl mawr i lawr oddi ar y silff a'i ddarllen. Un noswaith, darllenai am Iesu Grist yn mynd i dŷ Mair, a hithau'n torri'r blwch persawr neu ennaint ar ei draed.

"Pe deuai'r Iesu yma, fe roddwn iddo'r gorau sy gennyf," meddai'r hen grydd. "O! fe garwn pe deuai."

Fore drannoeth, cyneuodd Martin y tân, gwnaeth ei uwd i frecwast, ac yna aeth at ei waith. Gwelodd yr hen ŵr Steffan yn mynd heibio. Edrychai'n oer a blinedig iawn. "Druan o Steffan," meddai Martin, ac fe'i galwodd i mewn i dwymo wrth y tân, a gwnaeth baned o de poeth iddo. Roedd Steffan yn ddiolchgar iawn, a dywedodd Martin ei bod yn bleser ganddo gael rhannu'r tân a'i groeso ag ef.

Wedi iddo fynd, aeth Martin yn ôl at ei esgid. Aeth nifer o bobl heibio, ac yna clywodd Martin sŵn troed rhywun yn llusgo dod ar hyd y ffordd. Edrychodd allan. Gwraig lwyd ei golwg yn cario baban yn ei breichiau oedd yno, a dechreuodd y baban grio gan yr oerfel. "Dowch i mewn at y tân i dwymo ac i lapio'r baban yn well," meddai Martin. Edrychodd y fam yn syn, ond roedd mor falch o gael cysgod am ychydig. Twymodd Martin ychydig o lefrith a rhannodd ei fara prin â hi. Sylwodd mor dyllog oedd siôl y baban, ac aeth i'r cwpwrdd a thynnu hen gôt dew oddi yno, a'i hestyn i'r fam a dweud, "Mae'n hen ac wedi gwisgo, ond fe fydd yn help i gadw'r un bach yn gynnes." Fel yr âi'r wraig i ffwrdd, rhoddodd Martin chwe cheiniog gwyn yn ei llaw.

Aeth Martin yn ôl at ei waith eto. Ymhen tipyn, edrychodd trwy'r ffenestr, a gwelodd hen wraig yn cario baich o goed ar ei chefn a basgedaid o afalau ar ei braich. Rhoddodd y fasged ar lawr am funud i geisio ail osod y baich ar ei chefn, a dyna fachgen bach yn dod o rywle a chipio afal o'i basged. Gafaelodd yr hen wraig yn y bachgen ac ymdrechodd yntau i ddod yn rhydd, a bu bron i'r fasged afalau droi drosodd. Erbyn hyn yr oedd Martin yn eu hymyl, ac meddai wrth yr hen wreigan, "Gadewch iddo fynd am y tro, gadewch iddo fynd. Maddeuwch er mwyn Iesu Grist."

Edrychodd yr hen wraig ar Martin, ac yn ara deg, gollyngodd ei gafael yn y bachgen. Trodd Martin ato a dweud, "Mae'n rhaid iti ddweud bod yn ddrwg gen ti am ddwyn yr afal." Wedi iddo wneud hynny, meddai Martin wrtho, "Dyma iti afal arall, ac fe dalaf i am y ddau." Trodd yr hen wraig i godi'r baich coed, ac meddai'r bachgen, "Mi garia i'r coed i chi, ac mae'n ddrwg iawn gen i 'mod i wedi dwyn yr afal." Aeth y ddau i ffwrdd gyda'i gilydd yn ffrindiau.

Edrychodd Martin arnyn nhw'n mynd. Aeth yn ôl i'w ystafell. Yr oedd bron yn nos erbyn hyn, a chadwodd ei waith. Goleuodd y lamp, a thynnodd y Beibl mawr i lawr. Meddyliodd am yr hen Steffan, a meddyliodd tybed a oedd y baban bach yn gynnes yn yr hen gôt, a theimlodd yn hapus wrth feddwl bod yr hen wreigan a'r bachgen bach wedi mynd i ffwrdd yn ffrindiau. "Ond O," meddai, "mi hoffwn i pe bai Iesu Grist yn dod heibio."

Wedi iddo agor ei Feibl, disgynnodd ei lygaid ar y geiriau ym Mathew 25: 40 - "Yn gymaint â'i wneuthur ohonoch i un o'r rhai hyn fy mrodyr lleiaf, i mi y gwnaethoch".

A deallodd Martin fod Iesu Grist wedi bod yn ei dŷ y diwrnod hwnnw. Am ei fod yn caru Iesu Grist, ac yn croesawu eraill yn ei enw, yr oedd wedi croesawu Iesu Grist a chael cyfle i'w wasanaethu. Ac roedd Martin y crydd yn ddedwydd iawn.

Y Dref Heb Eglwys

Faint ohonoch chi gafodd Lego yn anrheg Nadolig? Fe gafodd Luned ddau focs mawr - a phob llun a lliw, drysau a ffenestri, pob math o bethau yn y ddau focs. Yn wir, roedd yna'n agos i fil o ddarnau, a chwarae teg i Luned, yr oedd yn eu rhannu hefo'i brawd, Iwan. "Be gawn ni ei neud rŵan?" oedd y cwestiwn o hyd.

Un diwrnod, penderfynodd y ddau wneud tref, a buont wrthi'n ddygn am hir. Yna, gadael eu gwaith am sbel ar y bwrdd yr oedd eu mam wedi ei fenthyg iddyn nhw i wneud y dref - wedyn yn ôl yn eiddgar. Roedden nhw'n cael hwyl ar yr adeiladu. "Sut mae'r dre' yn dod yn ei blaen?" oedd cwestiwn eu tad pan ddeuai o'r gwaith. "O grêt," oedd eu hateb, "ond chewch chi ddim gweld nes byddwn ni wedi gorffen."

O'r diwedd, gorffennwyd y dref a gwahoddwyd eu tad i edrych arni. Astudiodd hi'n ofalus, a chanmolodd waith dygn y plant . "Da iawn," meddai, "ond arhoswch funud - does yna'r un eglwys na chapel yn unlle yn y dre' yma."

"Ond twt lol, dad," meddai Iwan, "brics yn ofer fyddai hynny achos does 'na fawr o neb yn mynd iddyn nhw." Ni ddywedodd eu tad ddim ond dal i astudio'r dref yn ofalus.

"Rwy'n gweld bod gennych chi ysbyty mawr yn y fan hyn, ond mae gen i ofn y bydd yn rhaid tynnu'r ysbyty i lawr," meddai.

"Ond i be?" meddai'r plant mewn syndod. "Mae'n rhaid cael ysbyty mewn tre'."

"Wel," meddai eu tad yn bwyllog, "dim eglwys na chapel, dim ysbyty chwaith, achos hyd oni ddaeth Iesu Grist i'n byd, ychydig iawn a feddyliai neb am bobol sâl, heb sôn am eu gwella nhw. Yn wir, Ef a ddysgodd i bobol fod yn dyner a ffeind a gofalus o bobol sâl. A dyna res o dai bychain del," meddai eu tad.

"Ie, tai i'r hen bobol ydi'r rhai yna," meddai'r ddau.

"I lawr â nhw," meddai eu tad â nodyn trist yn ei lais. "Hyd nes i Iesu Grist ddod i'r byd, ychydig iawn o sylw nac o ofal a gâi yr hen bobol. Ysgol ydi hon, yntê," meddai wedyn.

"Fyddai waeth gen i dynnu honna i lawr," meddai Iwan. "Mae'n gas gen i fynd i'r ysgol weithiau."

"Ond gwranda di, Iwan, nid dyna pam yr wyf am i ti dynnu'r ysgol i lawr a chwalu'r caeau chwarae. Iesu Grist a'r rhai oedd yn ei garu a oedd yn awyddus i ddysgu plant i ddarllen a rhoi cyfle iddyn nhw chwarae yn lle eu hanfon i weithio cyn iddyn nhw fod yn wyth oed, a llawer o'r gwaith yn galed ac yn greulon."

Do, bu'n rhaid i'r ysgol a'r caeau chwarae fynd, ac yn wir roedd y dref wedi mynd i edrych yn ddigon llwm erbyn hyn.

"Be ydi'r twr mawr yma?" meddai eu tad.

"Cartref i blant heb dad a mam," meddai'r ddau hefo'i gilydd. Edrychodd y ddau i fyw llygad eu tad. Doedd bosib bod eisiau tynnu hwn i lawr hefyd? Oherwydd roedden nhw'n gwybod bod eu tad yn casglu at waith Dr Barnado bob blwyddyn. Roedd yn edrych yn drist, ac meddai, "Rhaid, mae'n rhaid i hwn ddod i lawr hefyd."

"Ond, dad," meddai Luned, "rydych chi wedi malu'r dref yn dipiau bron."

"Wel," meddai eu tad, "dim eglwys neu gapel neu'r ddau, dim cartref i blant bach amddifad chwaith."

Roedd Luned ac Iwan bron â chrio erbyn hyn. "Rydach chi wedi sbwylio ein tre' ni i gyd," meddai Iwan.

"Mi wn i be wna i hefo chi," meddai eu tad, gan dynnu Lowri ac Iwan i'w gôl. "Rydech chi'n deall yn awr fod yn rhaid i Iesu Grist a'r fan i'w addoli fod yng nghanol bywyd, ac os gwnewch chi dre' arall a'r cynllun yn iawn, mi rodda i rodd i chi anfon at blant Dr Barnado ac i gartre'r oedrannus yn y dre' yma. Iawn?"

"Iawn," meddai'r ddau. Roedden nhw'n gêm. Chwalwyd y cwbl, a dechreuwyd ar dref newydd sbon. Do, fe gymerodd dipyn o amser. Wedi gorffen, galw eu tad a galw eu mam i weld y dref newydd. Roedd popeth yn ei le: yr ysbyty, cartre'r oedrannus, yr ysgol a'r cartref i blant bach amddifad. Ond yr oedd y cwbl wedi eu codi gydag eglwys hardd yn y canol. Gyda'r eglwys yn ei chanol, roedd y dref i gyd yn hardd.

Stori o'r Lapdir

Stori wir yw hon am dad a mam a dau blentyn bach oedd yn gweithio, nid ym mhoethder India neu Affrica, ond yn y Lapdir. Mae'r wlad honno, sydd wedi'i lleoli uwchlaw'r Cylch Arctig yng nghyffiniau Pegwn y Gogledd, yn lle oer iawn, wrth gwrs, ond yn cael eithaf tywydd am ran helaeth o'r flwyddyn.

Roedd yn agosáu at y Nadolig a'r teulu bach yma heb gael eu cyflog gan y gymdeithas genhadol roeddent yn gweithio iddi, am fod arian y gymdeithas honno yn brin. Pam fod yr arian yn brin? Efallai am mai ni sydd ar ôl gyda'n rhoddion at y genhadaeth. Roedd dillad y cwbl ohonynt, er eu trwsio dro ar ôl tro, wedi gwisgo'n denau iawn, a'u hesgidiau'n sâl, a'r tywydd yn ddifrifol o oer, ac roedd y plant - Ruth a John - yn disgwyl anrhegion Nadolig. Roedd Ruth yn edrych ymlaen am gael dol a llyfrau newydd, ac roedd John wedi meddwl am "skates" a phêl-droed. Gwyddai'r rhieni na allent hwy byth fforddio prynu yr un anrheg i'r plant am eu bod eisoes yn gorfod cynilo ar fwyd am fod arian mor brin. "Ond mae Iesu'n gwybod," meddai'r plant pan eglurid y sefyllfa iddynt, "ac mae Ef yn siŵr o'n cofio." A dyna oedd byrdwn eu gweddi bob nos cyn mynd i gysgu.

Nid oedd y rhieni lawn mor siŵr. O! yr oeddent yn gwbl siŵr fod Duw yn gwybod, a'i fod yn sicr o wrando, ond ai cyn y Nadolig - ac a fyddai'n rhaid i'r plant gael eu siomi?

Y noson cyn y Nadolig oedd hi. Roedd y plant yn eu gwelyau a'r tad newydd ddod i mewn i'r caban, wedi bod allan ers oriau yn gweini ar ddyn claf. Yr oedd bron â rhynnu, y tân yn isel a'i wraig yn ddigalon am nad oedd ganddi fawr o fwyd cynnes maethlon i'w roi iddo.

Ond ust! Beth oedd yna? Ust! Sŵn clychau - sŵn clychau sled yn dod yn nes ac yn nes. Pwy yn y byd allai fod allan ar noson mor oer a hithau'n hwyrhau? Distawodd y clychau. Arhosodd y sled, a dyna guro trwm ar y drws. Postman y pentref oedd yno yn dweud bod yna focs wedi dod i'r Post yn hwyr y pnawn ac "express delivery" arno, a chan y tybid y gallai fod yn rhywbeth at y Nadolig yr oedd wedi dod ag ef yn unswydd ar ei sled.

23

Daeth â'r bocs pren - ac yr oedd yn un mawr trwm - o'r sled a'i osod ar lawr y gegin a dweud, "Rhaid i mi fynd ar f'union. Fedra i ddim aros. Mae hi'n dechrau bwrw eira eto." Ac i ffwrdd ag ef i'r nos. Edrychodd y tad a'r fam ar ei gilydd, a heb ddweud gair, aed i nôl y morthwyl a'r efail i agor y bocs. Agorwyd ef wedi peth trafferth, ac ar y top yr oedd blanced dew gynnes. Trodd y fam at y tân oedd bron â diffodd, ac meddai, "Alla i ddim cyffwrdd â chynnwys y bocs nes gofyn i Iesu faddau imi am amau y buasai'n cofio amdanom cyn y Nadolig."

Do, aeth y ddau ar eu gliniau i ofyn am faddeuant ac i ddiolch am beth bynnag oedd yn y bocs, ac am gymell y postman i ddod ag ef y noson honno.

Yna troi at y bocs yn llawer ysgafnach eu calonnau. Roedd ynddo bwysi o gig a phecyn o datws a bwydydd eraill, dillad cynnes i'r cwbl ohonynt ac esgidiau, ie, a theganau. Oedd yr oedd yna hefyd "skates" i John a dol i Ruth a llawer o bethau eraill. A gair cyntaf y plant wrth weld eu teganau fore Nadolig oedd, "Roedden ni'n gwybod y byddai Iesu yn siŵr o'n cofio."

Efallai y bydd clywed y stori hon yn help i ninnau gwyno llai, a bod yn llai parod i duchan ac achwyn, a bod yn fwy diolchgar am yr hyn sydd gennym, a chofio eraill yn eu prinder tra byddwn ninnau uwchben ein digon.

Meddwl am Eraill

Ar un adeg, roeddwn i'n gweithio mewn dinas fawr. "Dyna braf," meddech chi, "mae 'na ddigon o siopau mawrion mewn dinas fawr." Gwir iawn, ond nid yn unrhyw un o'r siopau mawrion yr oeddwn i'n gweithio, ond yn rhai o'r strydoedd tlawd a blêr. Roedd yno lawer o blant bach yn chwarae, a dim sanau nac esgidiau am eu traed.

Weithiau byddwn yn medru cael sanau ac esgidiau i rai ohonyn nhw, ond allwn i byth gael digon.

Un tro fe sylwais ar fachgen bach yn mynd allan ar y stryd o flaen ei gartref hefo bag papur yn ei law. Roeddwn i'n methu deall beth oedd e'n ei wneud nes i mi sefyll a sylwi. Wyddoch chi beth oedd e'n ei wneud? Gyda menyg cryf am ei ddwylo, roedd e'n casglu darnau gwydr oddi ar lawr a'u rhoi yn y bag. Gwelais ef yn codi caead bin ac yn lluchio'r bag iddo.

Gofynnais iddo beth roedd yn ei wneud? Ac meddai, "Rwy'n codi'r darnau gwydr oddi ar y llawr i arbed plant rhag torri eu traed. Mae'r athrawes yn yr ysgol yn dweud bod eisiau inni fod yn ffeind wrth blant eraill, a dyma un ffordd rwy'n ceisio bod yn ffeind wrth blant eraill. Mae 'na bobol ddifeddwl yn lluchio poteli ar y stryd, ac maen nhw'n malu, a bydd rhai o'r plant yn brifo ac yn gorfod mynd i'r ysbyty."

Dyna hogyn meddylgar, yntê? Roedd e'n casglu'r darnau gwydr bron bob dydd. Mic oedd ei enw - wel, Michael oedd ei enw llawn. Gwnâi hyn am ei fod yn diolch fod ganddo fe sanau ac esgidiau am ei draed. Gwyddai fod rhaid iddo wisgo'r menyg a bod yn ofalus iawn, ond yr oedd yn dal ati. Roedd yn gwybod bod Iesu Grist yn falch iawn o'n gweld yn helpu eraill.

Siôn Wyn a'r Lleidr

Yr oedd Siôn Wyn ar goll. Peth annifyr iawn yw bod ar goll - ar lan y môr, neu yn y siopau mawr, neu mewn tref ddieithr. Fel hyn yr aeth Siôn Wyn ar goll. Roedd e a'i ffrindiau wedi mynd i bysgota wrth y cei. Wrth feddwl yn galed am y pysgod, fe grwydrodd i ffwrdd oddi wrth ei ffrindiau. Ac yn sydyn, sylweddolodd ei fod ar ei ben ei hun. Blinodd ar bysgota, ac meddai wrtho ei hun, "Be ga i 'neud?" Eisteddodd i lawr ac edrych ar y cychod segur, pob un wrth ei angor - hyd y gwanwyn. "Mi wn i," meddai, a neidio i fyny yn sydyn, "mi af i un o'r cychod mawr - cwch hefo caban - a chwarae llongwr yn hwylio dros y môr i ryw ynys unig i chwilio am drysor."

Neidiodd Siôn Wyn i mewn i un o'r cychod. Yr oedd y seti'n wag ac yn wlyb. Aeth i lawr y grisiau i'r caban. Dim yn y fan hyn chwaith ond pentwr o hen sachau a gwely fan draw. Ond yn sydyn, meddyliodd Siôn Wyn ei fod yn gweld un o'r sachau'n symud. "Y gwynt," meddai wrtho ei hun. Ond na'n wir, dyna'r sachau'n symud eto a llaw a phen ac ysgwyddau yn dod i'r golwg. Roedd yna ddyn blêr ei ddillad yn dod i'r golwg o ganol y sachau.

"Be wyt ti'n ei wneud yn fan hyn hogyn?" meddai'r dyn, gan ysgwyd ei hun o ganol y sachau, "mi roist ti andros o fraw i mi - mi feddyliais i am funud mai'r heddlu oedd yma. Ond hitia befo be oeddwn i yn ei feddwl."

"Chwarae oeddwn i," meddai Siôn Wyn. "Chwarae hod yn llongwr yn chwilio am drysor."

"Trysor?" meddai'r dyn blêr, a throdd ei lygaid i gyfeiriad y sachau. A gwelodd Siôn Wyn rywbeth yn disgleirio ymhlith y sachau.

"Y trysor," gwaeddodd, a neidiodd i ganol y sachau. Yr oedd yno bentwr o emau a pherlau, a rhuthrodd i afael ynddyn nhw.

"Saf draw," meddai'r dyn mewn llais cas. "Paid â chyffwrdd â'm trysor i."

"Eich trysor chi," meddai Siôn Wyn, "ond wyddwn i ddim fod gennych chi drysor. A be ydych chi'n ei wneud fan hyn?"

"Taw," meddai'r dyn eto, "dim gair mwy gen ti."

Dychrynodd Siôn Wyn a chychwynnodd am y grisiau.

"Lle wyt ti'n mynd?" meddai'r dyn.

"Wel adre, siŵr iawn," atebodd Siôn Wyn.

"Chei di ddim symud cam oddi yma," meddai'r dyn, "neu mi fyddi di'n siŵr o siarad. Chei di ddim symud cam nes bydda i wedi cael amser i ddianc i ffwrdd."

Yr oedd Siôn Wyn yn oer ac yn dechrau crynu. Roedd arno eisiau bwyd, ac roedd hi'n dechrau tywyllu, a dychmygai glywed ei fam yn galw, "Siôn Wyn - Siôn Wyn - lle wyt ti?"

"Dos i'r gwely acw yn y gornel," meddai'r dyn. "Dos - ac ar ôl iti gysgu tipyn cei fynd adre."

"Ga' i fynd adre - wir?" meddai Siôn Wyn.

"Cei," meddai'r dyn. Aeth Siôn Wyn at y gwely. Oedodd eiliad, ac yna aeth ar ei liniau.

"Beth wyt ti'n ei wneud rŵan?" gofynnodd y dyn.

"Wel," meddai Siôn Wyn, "fydda i byth yn mynd i'r gwely heb fynd ar fy ngliniau a dweud fy mhader."

"O! felly," meddai'r dyn, *"fire away."* A gwrandawodd yn syn. Ni wyddai Siôn Wyn fod dagrau yn llygaid y dyn blêr a'i fod yn mwmian ambell frawddeg ar ei ôl lawer gwaith: "Maddau i mi. Maddau i mi. Iesu, paid â'm gwrthod."

"Siôn Wyn," meddai'r dyn blêr, "dyn drwg iawn ydw i, ond rydw i wedi hen flino ar fod yn ddyn drwg. Ac rydw i am ildio fy hun i'r heddlu.

"Ildio eich hun i'r heddlu?"

"Ie, rydw i am gyfaddef wrth yr heddlu fy mod i wedi dwyn y pethau yna. Wyt ti'n meddwl y gwnaiff Iesu Grist wrthod maddau i mi?"

"Dim peryg yn y byd," meddai Siôn, "neu dyna fyddai 'nhad a mam yn ei ddweud, ac maen nhw'n gwybod."

"Tyrd wir," meddai'r dyn. "Mi af i â thi adre imi gael sgwrs hefo dy dad a'th fam."

Ie, diwedd hapus oedd i'r stori. Roedd pawb yn falch fod Siôn Wyn wedi dod adre'n ddiogel. Ac wedi gwrando'r stori i gyd - Siôn Wyn a'r dyn yn siarad ar draws ei gilydd, y tad a'r fam yn falch fod Siôn Wyn wedi dweud ei bader, a thad Siôn Wyn yn falch o ddweud wrth y dyn sut i roi ei galon i Iesu Grist, a'r dyn yn dweud ei fod yn falch iddo gyfaddef y cwbl a'i fod yn reit fodlon mynd at yr heddlu - dyna lawen oedd pawb. Roedd llawenydd yn rhywle arall hefyd. Ym mha le? Ie, yn y nef. Pam? Am i un dyn drwg edifarhau - sef cyfaddef ei fai gerbron Duw a throi at Dduw o ddifri.

Stori o China

"Dydw i ddim am ddod i'r ysgol genhadol eto," meddai Mia Sing, bachgen bach o China, wrth y cenhadwr un diwrnod.

"Pam?" meddai'r cenhadwr mewn syndod.

"Wel," meddai Mia Sing, "yr un hen stori sydd gennych o hyd yma. Os dof i'r Ysgol Sul, sôn am ryw Iesu Grist y byddwch o hyd. Os dof yn y bore, sôn am Iesu Grist y byddwch. Ac ym mhob cyfarfod, enw Iesu Grist a glywaf o hyd ac o hyd, ac rwyf wedi hen flino."

Edrychai'r cenhadwr yn drist iawn, ond gofynnodd yn garedig i'r hogyn bach, "Beth gefaist ti i frecwast y bore yma?"

"Reis," oedd yr ateb naturiol.

"A be gei di i ginio?"

"Reis."

"Ac i swper?"

"Reis"

"Be wnest ti ei fwyta ddoe?"

"Reis," meddai Mia Sing.

"Be fydd dy fwyd di yfory?"

"Reis," oedd yr ateb syn. Reis oedd yr ateb bob tro. Yna trodd y cenhadwr at Mia Sing a dweud, "Trist iawn - trist iawn, yn wir. Mae'n ddrwg iawn gen i, 'machgen i. Mae'n rhaid dy fod ti wedi hen flino arno bellach."

"Trist! Blino! Bobol annwyl, naddo," meddai Mia Sing, allwn i ddim byw hebddo - byddwn yn marw. Reis yw ffon fy mywyd."

"Dyna fel y mae gyda mi," meddai'r cenhadwr, "ni allwn fyw heb Iesu Grist - hebddo byddwn farw am byth. Efe yw fy holl fywyd."

Pa ryfedd, onid e, fod y cenhadwr yn sôn am Iesu Grist o hyd. Ni throdd Mia Sing ei gefn ar yr ysgol genhadol. Daeth yntau i weld gwerth Iesu Grist.

Efallai ein bod ninnau'n teimlo'n debyg i Mia Sing ambell dro ac yn dweud weithiau, "Dim eisiau mynd i'r capel heddiw, dim awydd mynd i'r ysgol Sul." Ond fuoch chi'n meddwl o ddifrif rywbryd, sut y byddai ein bywyd, ein cartrefi, ein hardal, ein gwlad, pe na bai neb yn gwybod dim am yr Arglwydd Iesu Grist?

Y mae'n anodd i ni sylweddoli bod miloedd o blant bach yn dioddef, miloedd ar filoedd o bobl yn dioddef mewn tywyllwch am na wyddan nhw am Iesu Grist, goleuni'r byd. Neb i'w helpu, a'u bywyd yn llawn ofn: ofn digio'r duwiau, yr eilunod a'r demoniaid. Maen nhw'n sâl o hyd ac o hyd am nad ydyn nhw'n gwybod bod eisiau iddyn nhw eu cadw'u hunain yn lân. Tlodi a newyn hefyd am nad ydyn nhw'n gwybod sut i drin y tir yn iawn a pha fwyd i'w goginio a'i fwyta.

Gwaith gwych yw cyfrannu i waith y cenhadon. Cofiwn fel y dywedodd un cenhadwr enwog, "Un da am dalu'n ôl yw Duw, - ni fydd yn hir yn nyled neb."

Dyma i chi bennill i'w ddysgu:

Dim ond ein dwylo ni i wneud Ei waith
A'n llais i ddweud yn glir am Dduw,
Dim ond ein traed bob dydd i'w harwain hwy
A'n help i'w dysgu sut i fyw.

Clwb Helpu Eraill

A glywsoch chi am Glwb Helpu Eraill? Yr oedd clwb felly yn ein capel ni ers talwm, a rhyw ddwsin a hanner o blant yn perthyn iddo, rhyw ddau o bob dosbarth Ysgol Sul, o bedair oed i fyny. Roedd y plant yn gofyn i'w mamau berthyn iddo, ac os oedden nhw'n fodlon, roedden nhw i edrych a oedd yna gerdyn ag H arno yn ffenestr fy nhŷ i, oherwydd fi oedd wedi ei gychwyn. Fedrwch chi feddwl beth mae H yn sefyll drosto? Ia, debyg iawn, HELP. Pan welai'r plant neu eu rhieni fod H yn y ffenestr, roedden nhw'n gwybod bod arnaf eisiau HELP. Os gwelai plant bach iawn ef, fe fydden nhw'n rhedeg adre i ddweud wrth eu mam. Y gamp oedd bod y cyntaf i'w weld, achos câi y cyntaf a'i gwelai ac a wnâi'r swydd neu'r gwaith a ofynnid ganddyn nhw ddeg o farciau. Rhyw ddiwrnod byddai yna gyfrif y marciau a gwobrwyo.

Yr oedd y cerdyn wedi bod yn y ffenestr am dros awr un bore, a thoc gwelwn un o'r plant yn rhedeg nerth ei draed i lawr llwybr yr ardd at y drws, yn curo yn uchel ac yn gofyn â'i wynt yn ei ddwrn, "Oes arnoch chi eisiau help?"

Cafodd ei waith a'i ddeg marc. Braf oedd gwybod bod y plant a'u mamau yn rhoi rhyw dro heibio i'r tŷ rhag ofn fod H yn y ffenestr. Roedden nhw'n gwneud gwahanol bethau: postio llythyrau weithiau, dro arall i'r siop dros hen bobl, weithiau fe wnaen nhw neges fach i mi. Roedden nhw hefyd i gymell eu ffrindiau i ddod i'r capel, a byddai eu mamau yn casglu at achosion da, fel y deillion, yr anabl, Cymorth Cristnogol, ac yn y blaen.

Yn ystod eira mawr, gwelodd rai o'r bechgyn yr H, ac fe ddaethon nhw i glirio'r eira oddi ar lwybr yr ardd a chlirio o gwmpas drws y ffrynt. Ac wedyn, i ffwrdd â nhw i glirio llwybr at y capel, ac oni bai iddyn nhw wneud hynny, go brin y byddai gwasanaeth yn y capel y Sul hwnnw.

"Twt-lol," meddai rhywun, "dim ond tipyn bach iawn mae'r plant yn gallu ei wneud, ac yn fwy ar y ffordd nag o help."

"Ond fe synnech," meddwn, "fel y mae tipyn bach o help fan hyn a thipyn bach fan draw gyda'i gilydd yn gwneud help mawr." Fel hyn y dysgais y wers honno.

Roedd criw o blant o'r ardal wedi mynd, yn ôl eu harfer, i hel coed tân ar sled i le heb fod yn bell iawn oddi yma. Roedd y sled yn ysgafn iawn i'w thynnu wrth fynd. Gallai un bachgen ei thynnu yn rhwydd, nes ei bod hi'n neidio ac yn sboncio ac yn symud o un ochr i'r pafin i'r llall, a charlamai'r plant eraill ar ôl. Nid oedd mor hawdd wedi mynd i'r cae, ond buan iawn yr oedden nhw ar gwr y coed, a dyna fynd ati o ddifrif i hel brigau ac ambell fonyn go braf, a'r plant mawr yn cwyno fod y rhai lleiaf o dan draed.

Ond toc roedd y llwyth yn barod ac wedi ei rwymo yn saff hefo rhaff wrth y sled, a dyna dynnu, ond symudai hi ddim - ddim yr un modfedd er y tuchan a'r tynnu caled. Roedd y lleiaf o'r plant yn chwarae ar y cae, ond toc gwelodd y plant mawr hefo'r sled a rhedodd atyn nhw. "Mi helpa i dipyn bach," meddai. A phlygodd i lawr, gosod ei ddwylo bach ar y brigau, a phlannu ei sodlau yn y ddaear fel y plant mawr.

"Un, dau, tri a thynnwch!" meddai'r hogyn mwyaf, ac er syndod i mi, gydag un plwc mawr a "dipyn bach" y lleiaf o'r plant dyma'r llwyth yn symud o'r diwedd.

"Ew rwyt ti'n gry," meddai un o'r hogiau. Na, nid cryf oedd y bychan, meddyliwn, ond roedd ei "dipyn bach" e at eu tipyn mwy hwy yn ddigon i gychwyn y sled, ac wedi cychwyn fe aeth yn burion.

Tipyn o job oedd hel sachaid o dopiau poteli llefrith a phapur arian bob yn damaid ers talwm i gael ci i'r deillion trwy raglen *Blue Peter* y teledu, ond bob yn un roedden nhw'n cael eu casglu ac yn cynyddu, ac roedd pob top a darn bach o bapur, er cyn lleied oedd, yn gymorth i lenwi'r sach.

Fe fedrwch weld yn awr pam fod plant bach iawn yn gallu gwneud cyfraniad pwysig iawn yng Nghlwb Helpu Eraill. Fel y dywedodd un ferch fach yn yr Ysgol Sul yn ddiweddar, "Wrth wneud dipyn bach yr ydym yn helpu eraill, a thrwy helpu eraill yn gweithio i Iesu Grist."

Nadolig yn Hir yn Dod

Yr oedd Lowri yn brysur iawn cyn y Nadolig â beiro a phapur yn ei llaw yn gwneud rhestr hir o enwau. Ai rhestr o enwau pawb y meddyliai am brynu anrhegion iddyn nhw oedd hon? Nage wir. Rhestr hir oedd hi o enwau pobl yr oedd yn disgwyl cael rhywbeth ganddyn nhw!

"Edrychwch mewn difri, mam. Mae fy rhestr i'n mynd yn fwy ac yn fwy bob dydd." A rhoddodd hi i'w mam. Edrychodd hithau arni a'i darllen. "Santa, sach fawr yn llawn teganau; Nain, doli Cindy; taid, llestri te; Anti Mair, bocs o bethau da; Yncl John, hosan fawr; Anti Megan, 'painting by numbers.' " Ond ni orffennodd ei mam ei darllen, dim ond ei rhoi yn ôl heb ddweud gair.

Dawnsiai Lowri o gwmpas gan ddweud, "Mi fyddan nhw'n llenwi'r bwrdd yn f'ystafell ac efallai y gadair, ac O! mor falch fyddwn i pe bai'r 'Dolig wedi dod."

"Wel," meddai ei mam, "rydw i'n falch iawn na ddaw tan ar ôl yfory oherwydd mae gen i waith mawr i'w wneud. A wnei di dynnu'r cerrig o'r ffrwythau yma i mi?"

"O na mam,"meddai Lowri, "mae'n gas gen i dynnu cerrig o resins a phethau felly, ond mi â i i'r dre i weld be alla i brynu i mi fy hun hefo'r arian a ga i y Nadolig."

"Na," meddai ei mam, "rwyf i am fynd i'r dre fy hunan, a chei dithau aros yma i ateb y drws pe digwydd i rywun alw."

Edrych yn anfoddog iawn a wnâi Lowri wrth weld ei mam yn gwisgo ei chôt ac yn mynd i ddal y bws.

Eisteddodd Lowri yn annifyr wrth y tân. Meddyliodd unwaith am lanhau'r ffrwyth i'w mam, ond yn ôl at ei rhestr yr aeth a chwyno fod y Nadolig mor hir yn dod. Daeth cnoc ar y drws. Mrs Jones tŷ nesaf oedd yno wedi dod i ddiolch i fam Lowri am y deisen Nadolig a wnaeth i'w merch fach, Catrin, oedd yn yr ysbyty.

Wedi i'r wraig fynd, meddyliodd Lowri mor drist fyddai bod yn sâl ac mewn ysbyty dros y Nadolig, ond anghofiodd hynny'n fuan wedi meddwl am beth yr oedd hi'n mynd i'w gael.

Daeth ei mam adref. Ac o'r diwedd cyrhaeddodd noswyl Nadolig. Daeth yn amser gwely Lowri, a chlywai rywrai yn canu

33

carolau. Daeth ei mam heibio iddi, wedi iddi fynd i'w gwely. "Lowri fach," meddai, "bydd y Nadolig yma'n fuan iawn, ond byddai wedi dod lawer cynt pe baet ti wedi helpu tipyn arnaf, ond mae'n rhy hwyr yn awr."

Ni allai Lowri yn ei byw gysgu. Edrychodd ar y cloc bach wrth ei gwely. Ugain munud i ddeuddeg. Bron yn fore Nadolig! Trodd ar ei hochr. Cysgodd a breuddwydiodd.

Edrychodd ar y cloc - dim ond ugain munud i ddeuddeg o hyd! Brensiach! Cododd y cloc, ei ysgwyd, ei roi wrth ei chlust: yr oedd yn mynd ond ni symudai'r bysedd o gwbl. Beth oedd o'i le arno? Daliai i syllu arno, ond aros yn yr unfan a wnâi'r bysedd.

Clywodd Lowri guro gwan yn rhywle. "Beth sydd yna?" gofynnodd yn grynedig.

"Y Nadolig," meddai rhyw lais.

"Y Nadolig," atebodd hithau mewn syndod, "ond dowch i mewn, rwy'n eich disgwyl ers oriau ac oriau."

"Ni allaf ddod," meddai'r llais, "y mae llawer o waith gennyf, ond ni allaf fynd ymlaen."

"Pam na ellwch fynd ymlaen?" holodd Lowri.

"Yr ydych chi yn cadw'r Nadolig yn ôl," meddai'r llais, ac aeth ymlaen - "anghofiwch eich hunan, ferch fach, anghofiwch eich hunan. Meddyliwch am eraill. Yr ydych yn cadw'r Nadolig yn ôl."

Erbyn hyn yr oedd Lowri yn crio yn ei chwsg a daeth ei mam ati, a dyma a glywodd: "O! Nadolig ewch ymlaen, ewch ymlaen. Mae'n wir ddrwg gen i. Rwyf wedi bod mor hunanol, mor flin, mor ddifeddwl, mor anfoddog. Gwrthodais helpu mam ond byddaf yn wahanol iawn ar ôl hyn, rwy'n addo."

Tawelodd Lowri ac aeth ei mam allan heb ei deffro.

A Lowri wahanol iawn a edrychodd ar ei hanrhegion pan ddaeth y bore, a dyna Nadolig llawen fu hwnnw iddi, y gorau erioed, a hi'n helpu ei mam, yn chwilio am anrhegion i'w thad a'i mam a'i ffrindiau, ac aeth â'i doli newydd i Catrin fach yn yr ysbyty.

Ni fu Lowri byth yr un ar ôl hynny.

Dydd Diolchgarwch

Tymor yr hydref ydoedd a'r plant yn edrych ymlaen at ddydd Diolchgarwch a chael addurno'u capel â dail a blodau, ffrwythau a llysiau a nwyddau. A dyna hwyl a gaent wrth eu rhannu drachefn i hen bobl yr ardal a'r cleifion ar ôl yr ŵyl.

"Rydw i'n dod â blodau o'r ardd," meddai Ann.

"A minnau'n dod ag afalau ac orenau," meddai Mair.

"Mae Dad yn dweud y ca i y gabatsien fwya yn yr ardd," meddai John.

"A moron a thatws," meddai ei frawd.

Roedd pob un o'r plant am ddod â'r gorau a allent, a dyna'r siarad am ddyddiau cyn yr ŵyl.

Ond cododd hyn broblem fawr ym meddwl Rhian a'i brawd bach, Rhys. Ond am fod cymaint o blant o gwmpas, prin bod neb wedi sylwi nad oedd Rhian a Rhys wedi cynnig dod â dim.

Roedd Rhian a Rhys yn byw mewn fflat ar y pedwerydd llawr mewn tŷ mawr. A phan fyddwch chi'n byw mewn fflat o'r fath, does gennych chi ddim gardd, a phan nad oes gennych chi dad, does gennych chi ddim gardd tu allan i'r dre chwaith, ac mae arian yn brin i brynu ffrwythau.

"Pe baen ni'n byw yn y wlad lle mae Nain," meddai Rhian, "fe allen ni gasglu dail a blodau gwylltion, a chnau a mwyar, ond waeth heb - mae tŷ Nain yn rhy bell."

"Twt, meddai Rhys, awn ni ddim i'r Diolchgarwch."

Ond gwyddai Rhian na wnâi hynny y tro ac na fynnai eu mam er dim iddynt fod adref.

Wedi meddwl a meddwl, dywedodd Rhian yn sydyn wrth Rhys, "Mae gen i syniad, un da hefyd - gwranda. Mi awn ni â phobol yno yn lle ffrwythau a llysiau."

"Taw," meddai Rhys, "paid â siarad mor ddwl - sut y medrwn ni fynd â phobol yno?"

"Wel, gofyn i bobol sydd heb fod yn y capel ers talwm i ddod, ac mae digon ohonyn nhw, siŵr iawn," meddai Rhian, "a gei di weld y bydd Duw mor falch o'u gweld nhw ag y byddai o weld y ffrwythau a'r llysiau y bydd y lleill yn dod â nhw i'r capel."

Yr oedd Rhys yn dechrau deall yn awr, ac meddai, "Syniad grêt - dos di i ofyn i'r merched a mi â innau i ofyn i'r dynion."

Aeth Rhian i nôl y papur i Mrs Jones yn ôl ei harfer, ac meddai wrth yr hen wraig, "Mrs Jones, ddowch chi i'r Diolchgarwch ddydd Llun?"

"Diolchgarwch?" meddai'r hen wraig, "bobol fûm i ddim mewn capel ers talwm, 'ngeneth i, ond falle y do' i tro yma am i ti ofyn."

Aeth â neges o'r siop i Mrs Hughes, a gofyn yr un cwestiwn iddi hithau. "Wel, dwn i ddim wir," meddai, "ond os daw Mrs Ellis lawr y stryd hefo mi, efallai y dof."

Ar ei ffordd adref, gwelodd Rhian y wraig ifanc oedd yn byw yn y fflat oddi tanynt. "Ddowch chi i'r Diolchgarwch ddydd Llun?" meddai wrthi.

"Fe garwn i ddod," oedd yr ateb, "byddwn yn mynd i'r capel cyn priodi, ond mae'r babi gen i rŵan. Ond hwyrach y gwnaiff ei dad ei warchod am y tro."

Aeth Rhian yn ôl yn hapus, ac roedd Rhys wedi gofyn i'r dyn torri gwallt, a Mr Evans Tŷ Pella a'r hen ŵr a welai yn eistedd ar y fainc wrth iddo fynd i'r ysgol bob dydd.

Daeth y diwrnod mawr. Roedd y capel yn llawn ac yn brydferth iawn. Gwelai Rhian a Rhys y blodau o ardd Ann a'r ffrwythau o ardd Mair, y tatws a'r moron a llawer o bethau eraill. Ond edrychodd Rhian a Rhys am eu cyfraniad nhw i'r Diolchgarwch.

"Ie, dacw'r dyn torri gwallt," meddai Rhys, "a rhyw ddyn arall hefo fo."

"Dacw Mrs Jones," meddai Rhian yn ddistaw ynddi ei hun, "a mam y babi, a wir dacw Mrs Hughes a rhywun arall yn dod i mewn."

Mor hapus y teimlai'r ddau. Mor hyfryd oedd y canu. A thoc clywent lais y gweinidog yn diolch am y blodau a'r ffrwythau, ac yn croesawu pawb a oedd wedi dod. Yna dywedodd, "Cofiwch fod Duw yn gofyn amdanoch chi." Testun ei bregeth oedd "Moes i mi dy galon", ac yr oedd Rhian a Rhys yn canu o ddifrif pan ganwyd ar derfyn y gwasanaeth -

O! Iesu, cymer fi i gyd,
  Fel mynnych gad im fod,
Ond im gael treulio pob yr awr
  Yn hollol er dy glod.

Tro Arall i Lundain

Do, cafodd Dafydd fynd hefo'i dad i Lundain. Un o'r pethau cyntaf a welodd oedd dyn yn tynnu lluniau ar y pafin mewn lliw ac yn rhoi ei gap yn ymyl i dderbyn ceiniog neu ddwy gan bobl yn pasio heibio. Digalon o wag oedd y cap yn aml iawn. Tynnodd Dafydd yn llaw ei dad, ac oedwyd i wylio'r arlunwyr palmant. Un yn arbennig a dynnai sylw Dafydd - dyn canol oed, blêr, budr oedd bron â gorffen ei ddarlun ac yn ei dwtio yma ac acw. Darlun oedd o Iesu Grist yn iacháu un o gleifion Palesteina gynt.

"Edrychwch dad," meddai Dafydd, "mae'r llun yna yn union yr un fath â'r llun sydd gennyn ni adre."

"Go brin," meddai Huw Tomos, oherwydd gwyddai fod y llun oedd ganddo ef yn un prin iawn, ac eto yr oedd yn debyg iddo, a methai â deall ymhle y gwelodd hwn y llun i'w gopïo.

"Tyrd Dafydd," meddai, "fe gawn weld wedi mynd adre a yw'r un fath â'n llun ni ai peidio."

Oedd, yr oedd yn debyg, yn od o debyg, a phenderfynodd Huw Tomos, a oedd yn gweithio yn Llundain, holi'r dyn ynglŷn a'r darlun os gwelai ef wedyn. Aeth sawl diwrnod heibio a dim sôn am y dyn, a'r glaw bellach wedi golchi ei lun yn llwyr oddi ar wyneb y palmant. Ond un diwrnod fe welodd Huw Tomos y dyn wrth yr Oriel Genedlaethol, ac aeth ato a dweud wrtho'n garedig ei fod wedi sylwi arno'n gweithio ac yr hoffai iddo ddod i'w gartref, ac y byddai ef yn talu am y trên er mwyn iddo gael pryd o fwyd ac i roi ei farn ar ryw lun oedd ganddo.

Edrychodd y dyn yn syn oddi ar ei liniau ar lawr. "Dod hefo chi Syr, a rhoi barn ar lun? Fy marn i? Tydi fy marn i yn dda i ddim bellach."

Ond mynd a wnaeth, ac er tloted ei olwg cafodd groeso mawr yng nghartref Huw Tomos, a phryd da o fwyd, na chafodd ei debyg ers talwm.

Yna aeth Dafydd a Huw Tomos â'r dyn diarth i'r ystafell lle'r oedd y darlun olew. "Eisteddwch yma," meddai Huw Tomos, "ac edrychwch ar hwn." Ac meddai, "Dwedwch wrtha i, sut y daethoch chi i gopïo y llun yma? Mae'n ddarlun mor brin, ac rwy 'n methu deall lle y gwelsoch chi ef i'w gopïo."

Cydiodd y dyn yn dynn ym mreichiau ei gadair. Roedd yn amlwg ei fod wedi cynhyrfu. Ymhen ychydig, dywedodd yn grynedig, "Ei gopïo Syr? Copïo ddywedoch chi? Chopïais i erioed mo hwn. Syr, credwch fi - fi baentiodd hwn a dacw f'enw ar y gongl yna."

Yna rhoddodd ei ben blêr yn ei ddwylo a gwelwyd ei fod yn crio.

Toc, cododd ei ben a'i wyneb yn wlyb gan ddagrau. Edrychodd ar Dafydd a'i dad ar yn ail, a dywedodd: "Un peth wnaeth yr hafoc i gyd, Syr, un peth yn unig - cwrw. Dim ond ambell i lasied bach ar y dechrau pan oeddwn yn ifanc ond wedyn fe ddifethodd y cwbl oedd gen i - fy nghartref, fy ngwaith, tynnu lluniau, popeth." Ac meddai gydag un fflach wyllt gan edrych i fyw llygaid Dafydd, "Paid byth, byth, byth â dechrau yfed diod feddwol, o unrhyw fath."

Aeth amser heibio a gwnaeth Huw Tomos a'i deulu y cwbl a allent i geisio helpu'r arlunydd oherwydd dyna oedd, ond roedd eisoes yn wan ei iechyd a bu farw ymhen rhai misoedd. Yr unig lawenydd mewn stori drist oedd ei fod wedi marw'n dawel iawn yn credu ei fod wedi derbyn maddeuant Iesu Grist am ei fywyd ofer a ffôl.

Tŷ Od

Os buoch chi am dro ar hyd ffordd yr A5 a dod at fan rhwng Betws-y-coed a Chapel Curig, efallai i chi weld tŷ y tynnir llawer o sylw ato, nid am ei fod yn fawr, ac yn siŵr nid am ei fod yn hardd, ac nid am fod neb pwysig iawn yn byw ynddo, hyd y gwn i - ond am ei fod yn hyll. Ie, hyll. Tŷ Hyll y gelwir y tŷ, a rhaid talu am gael ei weld.

Ac os ewch i Gonwy, fe welwch dŷ arbennig arall, a rhaid talu am weld hwn hefyd, oherwydd dywedir mai dyma'r tŷ lleiaf yng ngwledydd Prydain. Gwnaeth meddwl am y ddau dŷ yma imi gofio am boster lliw a welid yn reit aml erstalwm. Darlun o dŷ ydoedd, ond wir yr oedd yn un od - y to wedi pantio, y simnai yn gam, y drws ffrynt a'r drws cefn yn ymyl ei gilydd, a rhyw dyllau lle dylai'r ffenestri fod. Welsoch chi'r fath beth erioed? Ond dyma oedd wedi'i sgrifennu'n fras uwchben ac oddi tan y darlun: "Tŷ od yw tŷ heb OXO."

Ydi'ch tŷ chi yn od weithiau? Efallai bod tai y rhan fwyaf ohonom yn od ambell dro. Ond waeth am hynny. Ysgwn i beth mae Duw yn ei feddwl o'r tŷ yr ydym yn byw ynddo? Ysgwn i ydi Duw yn dweud, "Dyna dŷ od yn Abertawe, yn Aberystwyth, neu yn Abergele. Does gan y plant a'r bobl sy'n byw ynddo ddim amser byth i ddarllen fy llyfr, sef y Beibl, nac i siarad â mi. Mae'r Beibl dan y pot blodau yn y tŷ hwn, ac ar silff uchaf y cwpwrdd gwydr yn y fan draw. Mae ganddyn nhw amser i ddigon o siarad â'i gilydd, ond dydyn nhw byth yn siarad â mi." Byddai'n rhaid iddyn nhw ddweud fel y dywedodd un ferch fach wrthyf, "Fydda i byth yn siarad ag Iesu Grist - wn i ddim sut." "Wel, tŷ od iawn," meddai Duw, "a phlant a phobl hunanol a difeddwl iawn yn byw ynddo. Rhaid eu bod yn anhapus."

Pan anfonodd Duw ei unig Fab i fod yn Waredwr i'r byd, doedd dim lle ym Methlehem, ac mae'n siŵr gen i fod pobl y tai od yma mor brysur â gŵr y llety hwnnw gynt ym Methlehem - dim amser na lle i Iesu Grist o bawb!

Beth am dreio gwneud y tŷ yr ydym yn byw ynddo y math o dŷ y mae Duw am iddo fod - yn dŷ lle mae Iesu Grist yn cael ei le.

Blwyddyn Newydd Dda

Clywais bregethwr yn dweud rhyw dro na fyddai'r flwyddyn newydd yn flwyddyn dda, os na châi Iesu Grist a'r Gair, sef y Beibl, y lle a haeddant yn ein bywyd. A'r lle gorau yw'r lle hwnnw. Dyna wahaniaeth fyddai ym mhobman pe câi Iesu Grist ei le priodol ym mywyd pob cartref, a phe bai'r Beibl wrth law i'w ddarllen.

Y ffrind gorau, a'r llyfr gorau, yn y lle gorau wna unrhyw flwyddyn yn flwyddyn newydd dda.

Tybed a glywsoch chi am y ddau ddyn hynny oedd wedi gadael eu cartref a mynd ar daith bell i geisio gwneud eu ffortiwn. Fe droesant adref gyda bocs mawr yn llawn o drysorau, cadwyni aur ac arian a llestri aur a llawer o bethau eraill. Fuoch chi'n chwarae mynd i wlad bell, ac wedi hir chwilio cael hyd i drysorau? Wel, mi gafodd y ddau yma drysor hefyd, ac wrth gwrs roedden nhw'n ei wylio'n ofalus wrth deithio tuag adref.

Un noson, roedden nhw'n aros mewn llety lle'r oedd tad a mam a bachgen bach yn byw. Fel ym mhob man arall, yr oedd gan y ddau ddyn ofal mawr am y trysor. Fel hyn y bydden nhw'n ei gweithio hi. Roedd eu gofal mor fawr fel na fyddai'r ddau byth yn cysgu yr un pryd. Tra cysgai un am sbel, gwyliai'r llall, ac felly y gwnaen nhw bob yn ail.

Y noson arbennig yma, deffrôdd un o'r dynion, ac er ei syndod a'i fraw roedd y llall yn cysgu'n drwm wrth ei ochr.

"O! y trysor, y trysor," gwaeddodd, a 'sgytiodd ei bartner yn ffyrnig. "Y creadur diog," meddai, "deffro ar unwaith - pa hawl oedd gen ti i gysgu? A pham doeddet ti ddim yn gwylio'r trysor?"

"Y! y!" meddai hwnnw'n gysglyd. "O ie, y trysor, gwylio'r trysor. Ond does dim angen gwylio'r trysor yn y llety yma."

"Beth? dim angen - wyt ti'n drysu dywed!"

"Na," meddai'r gŵr cysglyd yn araf, "does dim angen gwylio'r trysor yma o gwbl." Yr oedd wedi deffro'n iawn erbyn hyn, ac eglurodd i'w bartner.

"Fe *fûm* i'n gwylio am ychydig wedi i ti fynd i gysgu, a thoc galwyd y bachgen bach at lin ei fam i ddweud ei bader cyn mynd i'w wely. Yna, ymhen hir a hwyr, daeth y Beibl mawr i'r bwrdd a darllenwyd ohono, a daeth pawb yn y tŷ at ei gilydd i weddïo."

Yna deallodd y dyn arall. Yn y llety hwn, lle'r oedd y teulu'n gweddïo ac yn darllen y Beibl, nid oedd perygl i neb ddwyn eu trysor.

"Na, does dim angen gwylio'r trysor yma." A chytunodd ei bartner, ac aeth y ddau yn ôl i gysgu'n dawel tan y bore.

Eisteddfod y Rhoddion

Beth yw eisteddfod? Ai pawb yn eistedd i lawr ac am y gorau i eistedd yn syth ac yn llonydd?

Nage, siwr! Ond ymdrechu i weld pwy a wnâi fwyaf o blant yn hapus - dyna oedd pwrpas un eisteddfod arbennig iawn. Gwneud eraill yn hapus oedd y gamp yn Eisteddfod y Teganau. Y rhodd gyntaf a aeth i un teulu oedd car bach coch, ond dim ond un bachgen oedd yn y teulu, ac felly un a wnaeth y car bach coch yn hapus, a buan y collodd yr hogyn bach y car bach yng nghanol ei deganau.

Jig-so aeth i deulu arall, teulu o bump gyda'r tad a'r fam, ac roedden nhw'n reit hapus am dipyn, ond dyna ddechrau colli'r darnau a cholli diddordeb yn y jig-so hefyd.

Y rhodd nesaf oedd rhodd o gath i deulu o chwech. Fe wnaeth y gath y cwbl yn hapus iawn am dipyn, ond wrth i amser fynd heibio ac wrth i'r gath dyfu a mynd yn fwy diog ac yn llai chwareus, fe gollodd y teulu lawer o ddiddordeb ynddi, a chysgai yn ei basged lawer o'r diwrnod. Y rhodd nesaf oedd tedi, ac fe wnaeth lawer o blant yn hapus mewn cartrefi i blant amddifad. Yr oedd pawb yn ei dro, rhyw ugain ohonyn nhw, eisiau tedi yn y gwely y nos.

"Ond nid fel hyn oeddwn i pan oeddwn i'n newydd," meddai tedi. "Roeddwn i'n lân, ac yn gwisgo tei dolen mawr glas. Roedd gen i ddwy goes a dau lygad a dwy glust. Ond i wneud y plant yn hapus, bu'n rhaid imi ddioddef dipyn. Ond er hynny, doedden nhw ddim, ar un cyfrif, am fy rhoi yn y bin."

Pa un o'r teganau a gafodd y wobr, tybed. Ie, wrth gwrs, tedi a gafodd y wobr.

Ond mae Un wedi dioddef mwy o lawer na tedi i wneud plant a phobl yn hapus - wedi gwneud cannoedd ar gannoedd yn hapus, ac nid am flwyddyn neu ddwy neu dair ond am ddwy fil o flynyddoedd - ac nid gwneud plant a phobl yn hapus a dedwydd mewn un wlad ond mewn llawer o wledydd, wel bron pob gwlad trwy'r byd.

Pwy oedd? Ie, Iesu Grist. Oedd, yr oedd tedi wedi dioddef tipyn i wneud y plant yna yn y cartref yn hapus, ond mae Hwn wedi dioddef yn enbyd.

Yn gyntaf, gadael tŷ ei dad i fyd heb le iddo. Cael ei eni yn llety'r anifeiliaid am nad oedd lle mewn llety go-iawn. Dod i fyd lle câi ei wrthod gan laweroedd - ei adael gan hyd yn oed ei ffrindiau agosaf, ac yn y diwedd dioddef pobl yn poeri arno, ei chwipio'n greulon nes oedd ei gefn yn ddoluriau mawr, ac yna ei hongian gerfydd ei ddwylo a'i draed trwy roi hoelion drwyddyn nhw a'i roi ar groes bren.

Ai dyn drwg ydoedd? Nage wir. Ni sy'n ddrwg, ni sy'n hunanol, ni'n sy'n gwylltio, ni sy'n dweud geiriau hyll, ni sy'n anufudd (yn dweud Na wrth dad a mam), yn anghwrtais - ddim yn parchu adar bach a'u cartref, ddim yn parchu rhieni na hen bobl weithiau, ac yn gwneud llawer o bethau drwg eraill.

Chi a fi ddylai gael ein cosbi, and fe gymerodd y gosb arno ei hunan, yn ein lle ni os credwn ni ynddo; hynny ydi, credu iddo wneud rhywbeth i ni - nid credu amdano, ond ynddo - ac fe gawn faddeuant, a chawn Ef yn ffrind, yn arweinydd, yn Waredwr am byth. A rhyw ddiwrnod cawn fynd ato i fyw i'w gartref hyfryd. Ond i wneud hynny i gyd, a gwneud miloedd ym mhob rhan o'r byd yn hapus, fe ddioddefodd - ac nac anghofiwn hynny byth.

43

Wyau Pasg

Yn fuan yn y flwyddyn newydd, roedden nhw i'w gweld yn y siopau - yr wyau Pasg. Rhai bach a rhai mawr, rhai lliwgar a drud a llawn o felysion o bob math. Roedd Hefin a Huw wedi gweld nifer o wyau Pasg wrth fynd heibio i'r siopau ar y ffordd o'r ysgol, ond yr oedd un yn arbennig yn tynnu eu sylw nhw a phlant eraill bob dydd. Fydden nhw byth yn pasio'r siop heb edrych a oedd yno o hyd, ac yno y byddai'r ddau a'u trwynau'n fflat ar y ffenestr a'r paen gwydr yn llaith oddi wrth eu hanadl.

Un wy Pasg oedd yno, a hwnnw reit yn y canol. Wy mawr nobl oedd o mewn papur coch crand, ond nid oedd yr wy i gyd yr un fath. Roced arian gloyw oedd ei ben, ac roedd y papur yn ymyl yr wy yn dweud y byddai'r roced yn hedfan i fyny, o bwyso botwm ar waelod yr wy. Ie, dacw'r botwm hefyd. Ond ei bris? Nid oedd sôn am hwnnw yn unman.

"Mae'n fwy na phumpunt i ti," meddai Hefin.

"Na, go brin," meddai Huw, "gwag ydi ei ganol o wyddost."

"Wn i be wnawn ni," meddai, "mi brynwn ni o rhyngon ni - wyt ti'n gêm?"

"Reit," meddai Hefin, "mi gawn ni weld fory faint o bres sydd gennyn ni rhyngom, ac mi awn ni i'r siop i ofyn ei bris."

Drannoeth aeth y ddau i'r ysgol, a hynny o bres oedd ganddyn nhw yn saff yn eu pocedi. Doedd fawr o hwyl ar y gwersi rywsut, a llusgai'r amser yn enbyd, a'r ddau yn ysu am fynd i'r siop i holi pris yr wy roced, ac yn chwysu wrth feddwl y byddai rhywun arall, efallai, wedi ei brynu. O'r diwedd daeth terfyn ar y pnawn, a'r eiliad y canodd y gloch, cipiodd y ddau eu cotiau a'u bagiau, ac i ffwrdd â nhw nerth eu traed am y siop. Safodd y ddau o flaen ffenestr y siop. Dyna ryddhad. Roedd yr wy yno ar ei stand o wellt melyn. Ac i mewn â nhw i'r siop. Daeth y siopwr atyn nhw gyda'i, "Wel hogiau, beth ga' i ei wneud i chi?"

"Os gwelwch yn dda," meddai'r ddau ar draws ei gilydd, "faint ydi'r wy roced yna sydd yn y ffenest?"

"Arhoswch chi - yr wy roced. Mae yna fynd mawr ar y rhai yna, a dim ond yr un yn y ffenest sydd ar ôl. A'i bris yw wyth bunt."

Aeth calon y ddau i'w hesgidiau. Nid oedd ganddyn nhw bumpunt rhyngddyn nhw. Ond cafodd Hefin syniad.

"Cadwch yr wy inni plîs, ac fe ofynnwn ein dau am bres poced wythnos nesa ymlaen llaw, ac yna mi fyddwn ni'n medru ei brynu."

"Wel, hym - wel ie," ebychai'r siopwr, "mae mynd ar y rhain. Ond o'r gorau, tan chwech o'r gloch heno - dim mwy. "

A thynnodd yr wy yn ofalus o'r ffenestr a'i roi dan y cownter. "Tan chwech, cofiwch hogiau."

Wedi mynd allan, meddai Huw, "Ond Hefin, waeth heb - dw i bron yn siwr na cha i ddim pres heno, achos nos yfory mae mam yn cael pres dad, ac mae hi'n fain arni ar nos Iau.

Cyrhaeddodd Hefin adre, ond doedd ei fam ddim adre, hynny yw, roedd ar gychwyn allan.

"Mae dy de di ar y bwrdd. Rhaid imi fynd at taid i fyny'r ffordd. Ac mae'r babi yn cysgu yn ei bram, a bydd dy dad adre toc, ond cofia beidio â mynd o'r tŷ. Dacw'r bws. Rhaid i mi redeg."

Eisteddodd Hefin i lawr yn ddigon digalon. Ni fyddai ei dad byth adre cyn chwech. Oedd roedd y siop yn cau am chwech union. Dyna'r ffôn yn canu. Huw oedd yna. "Hefin," meddai, "dim gobaith am bres. Nodyn ar y bwrdd ges i - mam wedi mynd allan, ac rydw i i gymryd bws i dŷ Anti Jane rwan."

"O wel, does mo'r help," meddai Hefin, heb awydd egluro ei bicil ei hun.

Eisteddodd i lawr i feddwl, ac meddai wrtho ei hun, "Mi fynna i gael yr wy yna rywsut." A chofiodd am ei flwch achosion da, a gedwid yn y llofft. Gwyddai fod yna lawer o arian gwynion yn hwnnw. Edrychodd ar y cloc: hanner awr wedi pump. Digon o amser i wagio'r blwch a phicio i'r siop. Rhoddodd gip ar y babi. "Twt, mi fydd yn iawn am ychydig," meddai.

Cymerodd ei gyllell boced ac agor y blwch a thywallt ei gynnwys ar y gwely, ac wrth wneud, daeth brawddeg fel fflach ar draws ei feddwl, "Ac efe a wnaeth yr hyn oedd iawn yng ngolwg yr Arglwydd". Adnod a ddysgodd yn y gwasanaeth bore Sul ydoedd, a dywedai llais bach y tu mewn iddo, "Tydi hyn ddim yn iawn, a dydw i ddim i fynd o'r tŷ," meddai mam. "Twt be ydi'r ots am agor y blwch? Ac mi fydd y babi yn iawn am funud."

Pocedodd yr arian, rhedodd i lawr y grisiau, edrychodd ar y

babi yn stwyrian deffro yn y pram, gwisgodd ei gôt, agorodd y drws, yn ara deg braidd - ac oedodd. Gwelai'r wy roced o'i flaen; clywodd y llais wedyn. "Na, nid yw'n iawn imi fynd," meddai wrtho ei hun. Rhoddodd ei gôt ar y bachyn, cadwodd yr arian yn y blwch a'i selio â selotâp, a daeth i lawr i eistedd. Roedd y babi wedi deffro. Teimlai'n braf y tu mewn rywsut, ac yn rhyfedd iawn nid oedd rhyw lawer o bwys ganddo am yr wy roced bellach.

"Beth yw'r ogle rhyfedd yna?" meddai a ffroeni droeon. Ogle llosgi. Aeth drwodd i'r parlwr, ac er ei fraw roedd y lle yn llawn o fwg a rhywbeth yn llosgi yn ymyl y tân nwy. Diffoddodd Hefin y tân, a sathrodd y dilledyn a adawodd ei fam yn ei brys wrth y tân i sychu, wrth fynd allan. Agorodd y ffenestri a chliriodd y mwg, a daeth yr adnod yn ôl eto, "Ac efe a wnaeth yr hyn oedd iawn yng ngolwg yr Arglwydd."

Y noson honno, dywedodd Hefin yr hanes i gyd wrth ei rieni - yr wy roced, cynllun Huw ac yntau, y blwch achosion da, ac fel yr oedd wedi meddwl am adael y tŷ, yr adnod, y llais bach, y tân - y cwbl.

"Dyna falch ydw i," meddai ei fam, "dy fod ti'n mynd i'r Ysgol Sul, ac yn dysgu Gair Duw yno. Diolch dy fod wedi concro'r un drwg y tro yna ac wedi gwrando ar lais Duw. Oni bai am hynny, mae'n ddigon posib y bydden ni heb gartre heno, wedi colli dy frawd bach a thithau hefyd."

"Diolch," oedd y gair mawr yng ngweddi Hefin wrth ddweud ei bader y noson honno, a diolch wnaeth ei dad a'i fam hefyd. Ac fe gafodd Hefin ei wy roced, ac ni fu yn ôl o sôn am yr adnod, a'r llais bach, a'r teimlad braf y tu mewn iddo, wrth Huw chwaith.

Nadolig Rhyfedd

Nid oedd Moi Morgan yn hoffi'r Nadolig. Nid oedd yn hoffi'r Nadolig o gwbl. A dyma pam.

Pan oedd tad Moi yn fachgen bach tua phum oed, bu damwain fawr wrth geg y twnnel lle'r oedd yn gweithio. Gofalu am yr arwyddion ar y rheilffordd, o'i gaban arwyddion yr ochr draw i'r twnnel - dyna oedd ei waith. Yr oedd tad Moi yn gweithio'r nos y Nadolig hwn, ac yr oedd yn amser i drên y Post gyrraedd. Felly, rhyddhaodd tad Moi yr arwydd iddo ddod i lawr trwy'r twnnel - heb gofio fod ganddo injan yn disgwyl hefyd ar y lein arall, y "*down line*". Ceisiodd newid yr arwydd, ond yr oedd yn rhy hwyr. Daeth sŵn erchyll i'w glyw wrth i'r trenau wrthdaro, sŵn fel dwy daran yn diasbedain yr un pryd.

Yn fuan iawn roedd tŷ'r stesion yn llawn o bobl yn rhuthro yma ac acw; dwy neu dair ambiwlans ar yr iard; dynion hefo bagiau yn cerdded yn ôl a blaen; doctoriaid a sawl nyrs. Gwyddai Moi, er mor ifanc oedd e, fod rhywbeth ofnadwy wedi digwydd. Roedd e wedi codi o'i wely, wedi dychryn drwyddo, ac eisteddai wrth y tân yn crynu er bod yno danllwyth o dân.

Collodd ei dad ei waith, ac ni chadwodd Nadolig byth wedyn. "Sut y gallwn i fod yn hapus a chofio'r ddamwain fawr a'r camgymeriad difrifol a wnes i?" meddai. Trwy ei fywyd, wnaeth e ddim maddau iddo'i hun. Ac felly, iddo ef a'i deulu, amser diflas iawn oedd y Nadolig.

Bu farw rhieni Moi, a thyfodd Moi i fyny yn casáu'r Nadolig fel ei rieni o'i flaen. Yr unig beth a wnâi hefo'r Nadolig oedd gwneud arian ohono, trwy werthu coed Nadolig.

Noswyl Nadolig oedd hi, ac roedd Moi yn cyfrif ei arian. Roedd e wedi gwneud yn dda. "Nadolig llawen," meddai pawb wrtho wrth fynd â'u coed oddi yno. Ni wnâi Moi ond mwmian a dweud o dan ei wynt, "Nadolig llawen, wir".

Ond dyna gnoc ar y drws. "Go drapio, pwy sydd yna rwan?" meddai Moi. Hogyn bach gwallt coch a safai ar garreg y drws. "Plîs Mr Morgan," meddai, a'i lygaid yn sgleinio, "ga i brynu coeden?"

"Mae hi'n dywyll i chwllio am goeden," atebodd Moi, "oes gen ti bres?"

Dangosodd yr hogyn fod ganddo bedair punt ar gledr ei law. "Dim digon," meddai Moi yn swta, "does gen i'r un goeden am lai na decpunt." Ochneidiodd yr hogyn bach pengoch. "Dyma'r cwbwl sy gen i, ac roeddwn i wedi meddwl yn siwr cael coeden i godi calon mam am ei bod yn sâl, a 'nhad yn methu mynd i weithio" "Wel, dos adre a dwed wrth dy dad dy fod eisiau chwe phunt ar ben y pedair punt sy gen ti, ac wedyn mi gei di goeden."

Aeth yr hogyn i ffwrdd i'r nos, a chaeodd Moi Morgan y drws yn glep. Toc mwmiai wrtho ei hun, "Mae gen i rai coed ar ôl, a bydd lladron ar gerdded heno, mi af i roi tro o gwmpas." Aeth allan â'i lamp yn ei law. Clywodd sŵn rhedeg ar y buarth. "Hei! Pwy sy 'na?" gwaeddodd yn flin.

"O dowch Mistar," meddai llais hogyn, "mae Siôn wedi brifo yn y twnnel ac yn methu symud. Mi welais i Siôn ryw ddeng munud yn ôl yn rhedeg o'ch tŷ chi, mistar, ac roedd o'n crio am eich bod chi wedi gwrthod gwerthu coeden iddo fo. Ac mi heriais i o i redeg trwy'r twnnel, ac y rhown i chwephunt iddo os gwnâi. Ac mi aeth i'r twnnel tywyll, ond mi faglodd ac mae'n gorwedd rwan ar y lein yn methu symud."

"Gwarchod pawb" meddai Moi Morgan. "Ar y lein ddwedaist ti? Mae hi bron yn amser y trên! Rhed am dy fywyd a dangos imi lle mae o."

A rhedodd Moi nerth ei draed ar ei ôl ar draws y cae, i lawr at y lein ac at geg y twnnel. Wrth iddyn nhw redeg, roedden nhw'n clywed y trên yn dod yn nes, ac yn nes. "Siôn! Siôn!" gwaeddodd Moi, ond yr unig ateb a gafodd oedd eco gwan yn y pellter. "O Dduw, helpa fi i'w gyrraedd mewn pryd."

"Dacw fo," meddai'r hogyn arall. Rhedodd Moi, gan ofni bob munud y byddai'n rhy hwyr. Ond cipiodd yr hogyn bach yn ei freichiau a chamu i'r ochr oddi ar y lein. Yna rhedeg at geg y twnnel. Ac O! diolch, dyma nhw allan o'r twnnel. Dim ond cael a chael oedd hi cyn i'r trên ruo heibio.

Cariodd Moi yr hogyn bach i'w gartref ac anfon am y meddyg. Ymhen yr awr, roedd yr hogyn bach yn cysgu'n drwm yng nghartref Moi, a'i rieni wedi cael gwybod ble roedd. Dywedodd y meddyg y byddai'r hogyn bach yn iawn, ond ni ellid ei symud tan ar ôl y Nadolig. Syndod i bawb oedd clywed fod Moi Morgan yn hollol fodlon ei gadw - yn wir fel pe bai'n falch o wneud hynny.

Yn y nos aeth allan a chodi'r goeden orau oedd ganddo ar ôl, a dod â hi i'r tŷ a'i gosod yng nghornel y gegin. Doedd ganddo ddim i'w haddurno ond tipyn o wlân a thopiau poteli llaeth. Aeth i'r drôr. Tynnodd allan gyllell boced, hen albwm o gardiau, organ geg, a'u pacio'n ddigon di-lun a'u hongian ar y goeden. A'r noson honno, tra oedd e'n gofalu am yr hogyn bach, chwiliodd am y Beibl. Gwyddai fod Beibl ei fam yn rhywle, ond bu'n hir iawn yn ei gael, ac yn hirach fyth yn ffeindio hanes y Geni - ond fe'i cafodd, wedi hir chwilio, ym Mathew a Luc, ac fe ddarllenodd yr adnodau'n ofalus. Teimlai ei galon oer yn cynhesu wrth ddarllen: "'Canys ganwyd i *chwi* heddiw, Geidwad.' Tybed? Ceidwad i mi, Moi Morgan, sydd wedi troi cefn arno ers blynyddoedd? 'Dim lle yn y llety.' Ac ni fu lle yn fy nghalon oer, galed innau chwaith, ond fe fydd o hyn ymlaen. 'O Dad,' meddai, "maddau imi am fod mor galed a chwerw ar hyd y blynyddoedd. Diolch i ti am roi help imi gyrraedd yr hogyn bach yma mewn pryd. A diolch i ti am ddweud 'ganwyd ichwi heddiw, Geidwad' - ie, i mi."

Roedd Siôn yn llawer gwell y diwrnod wedyn. Ac fe gafodd ef a Moi Morgan Nadolig llawen iawn. A'r Sul wedyn cafodd ddod yn ôl gyda'i rieni i ddiolch i Moi am ei ofal. Ac fe aethon nhw i'r capel gyda'i gilydd - Siôn a'i rieni a Moi Morgan. A dyna'r tro cyntaf i Moi Morgan fod mewn capel ers blynyddoedd.

Y Llun

Darlun ydoedd o fam flinedig yr olwg yn dal plentyn bach sâl yn ei breichiau. Roedd yr Iesu gerllaw a rhoddodd ei law dyner garedig ar ben y plentyn bach gwael, ac ar unwaith daeth rhyw olau newydd i lygaid yr un bach a gwên i'w wyneb gwelw. Roedd y darlun yn hongian ar y mur mewn ysbyty. Gyferbyn â'r darlun gorweddai bachgen bach gwael iawn yn troi ac yn trosi yn ei wres a'i boen. Cartref trist oedd ganddo, a'i dad a'i fam yn ffraeo'n aml, a gwelid ôl curo creulon ar gorff y bachgen bach gwael. Ofnid y byddai'n marw, ond yn araf - gyda gofal caredig y doctoriaid a'r nyrsys - dechreuodd John wella.

Un diwrnod, pan oedd eraill yn cael eu ffrindiau i'w gweld a John heb neb, daeth un o'r nyrsys heibio a gofyn, "Hoffech chi imi ddarllen stori ichi?"

"Na," meddai John gan, droi ei lygaid at y darlun ar y mur, "ond mi fyddwn i'n hoffi ichi ddweud stori'r llun acw a phwy yw'r dyn â'i law ar ben yr hogyn bach?"

"Iesu Grist ydi o," meddai'r nyrs, a dechreuodd ddweud tipyn o'i hanes wrth John. Rhyfeddai John a gloewai ei lygaid, a chyn ei adael gofynnodd y nyrs, "Ydych chi'n credu yn Iesu Grist, John?"

"Wel, dwn i ddim yn iawn," meddai John, "ond rydw i'n credu yr hyn yr ydych chi'n ei ddweud wrtha i."

Fore drannoeth, a'r nyrs yn gwneud gwely John, dyma fe'n gofyn iddi ddweud mwy am Iesu wrtho. Ac fe wnaeth hithau hynny. Meddai John yn sydyn un diwrnod wrth y nyrs, "Ydych chi yn 'nabod yr Iesu, nyrs?"

"Ydw," meddai hithau, ac y mae'n eich caru chithau John."

"Be, caru bachgen tlawd fel fi?" meddai John. "Amhosib! A chofiwch, rwy'n gas weithiau."

"Ydi," meddai'r nyrs, "y mae'n siwr o fod yn eich caru chi - eich caru chi ddigon i farw ar y groes yn eich lle."

Tawodd John, ond dyma ddywedodd wrth y nyrs cyn mynd adre, "Rydw innau'n credu yn Iesu Grist, ac yn ei garu, er na wyddwn i fawr amdano cyn dod yma a'ch cyfarfod chi."

Aeth adref o'r ysbyty a Beibl bychan yn ei law a'r Iesu yn ei galon.

Meddyliai'r nyrs yn aml beth a ddaeth o John.

Aeth blynyddoedd lawer heibio. Gwynnodd gwallt y nyrs a chrymodd ei chefn, ond daliodd i weithio hyd y gallai hyd nes yr aeth hithau'n wael iawn, ac ar ei chais fe'i rhoddwyd yn y gwely gyferbyn â'r llun. Nid oedd gwella iddi, ac un diwrnod fe alwyd gweinidog (oedd yn ymweld yn y ward nesaf) at ei gwely. Edrychodd y gweinidog arni, ac yna ar y darlun. Aeth ati i afael yn ei llaw a dywedodd, "Diolch Iddo, rwyf mewn pryd."

"Pwy ydych chi?" meddai'r nyrs. "Fi ydi'r bachgen bach y buoch chi'n dweud hanes Iesu yn y darlun wrthyf. Ydych chi'n fy nghofio?"

"Ydw debyg iawn, John," meddai'r nyrs wael. "Mi aethoch chi adre yn credu yn Iesu Grist."

"Do," meddai John, "ac mi es i i goleg, ac am dipyn mi fûm i yn Affrica, ac rwan rwy'n weinidog ymhlith tlodion y ddinas yma, yr union fan y cefais fy magu. Ac rwyf eisiau dweud wrthych chi mai chi wnaeth fy nysgu fi am gariad Iesu Grist."

Rhoddodd y nyrs ochenaid ddiolchgar a chydiodd yn dynn yn llaw John.

Ci Tomi

Ci Tomi oedd Mic, ci gwyn, brown ac ychydig o ddu - ci glân graenus. Yr oedd bron cymaint â Tomi ac roedd y ddau yn chwech oed ac yn ffrindiau mawr.

Pan ddeuai Tomi o'r ysgol, byddai Mic yn disgwyl wrth y giât, a'i drwyn trwyddi, a hyd yn oed ar ddyddiau gwlyb ac oer, eithriad oedd i Mic beidio â bod yno.

Tomi fyddai'n ei fwydo, a phrynai fwyd iddo at yr hyn a brynai ei fam hefo'i bres poced, a dilynai Tomi i bob man. Os câi hanner cyfle, fe âi i'r capel hefo fo, ac weithiau byddai'n gorwedd wrth y drws i ddisgwyl Tomi allan o'r capel.

Dau air y byddai Mic wrth ei fodd yn eu clywed oedd "pêl" a "parc". Cyn gynted ag y clywai'r ddau air, neidiai i fyny ac o gwmpas nes bron â thaflu ei feistr, a rhôi ambell gyfarthiad sydyn fel pe'n dweud "Tyrd, tyrd". Trotiai o flaen Tomi bob cam i'r parc a deuai yn ôl i'w gyfarfod weithiau fel pe bai'n dweud wrtho am ddod yn gynt. A dyna hwyl a gâi'r ddau wedi cyrraedd. Rhedai Mic ar ôl y bêl a daflai Tomi, ei dal ac yna ei chario yn ôl i Tomi a'i gosod wrth ei draed a neidio a chyfarth fel pe'n dweud "Eto, eto."

Un diwrnod fe daflodd Tomi y bêl yn rhy bell, ac fe aeth i'r ffordd fawr a rhuthrodd Mic ar ei hôl. Ond O! dyna sŵn brecio sydyn a chyfarthiad poenus. Oedd, yr oedd Mic wedi cael ei daro gan gar. Rhedodd Tomi nerth ei draed at Mic a phlygu i lawr i'w anwylo, ond doedd Mic druan ddim yn cymryd sylw o Tomi.

"Tyrd 'ngwas i," meddai gyrrwr y car, "mi awn ni ag o ar ei union at y milfeddyg yn y dre."

Ysgwyd ei ben a wnaeth y milfeddyg pan welodd Mic. Bachgen bach yn crio'n arw aeth adre at ei fam y diwrnod hwnnw, a'r noson honno yr oedd darn hir ym mhader Tomi am Mic.

Crefai Tomi ar i Dduw gadw Mic yn fyw. "O plîs, plîs Iesu Grist," meddai, "paid â gadael i Mic farw."

Bore drannoeth, canodd cloch y teleffon. Oedd, yr oedd Mic wedi marw. Ymhen rhai dyddiau, gwelodd Tomi y gweinidog ar y stryd. "Dydw i ddim yn dod i'r capel eto," meddai Tomi wrth y gweinidog, "a dw i wedi digio hefo Iesu Grist. Dydi o ddim yn wir ei fod yn ateb gweddi."

Cafodd y gweinidog y stori i gyd gan Tomi, ac fe welai ei fod yn torri ei galon, ac roedd gan y gweinidog broblem go ddyrys ar ei ddwylo.

"Tyrd i'r tŷ, ac fe gawn ni sgwrs am hyn," meddai'r gweinidog. Fe aeth Tomi. "Mae dy weddi wedi ei hateb Tomi," meddai'r gweinidog. "Naddo ddim," meddai Tomi, "mae Mic wedi marw."

"Do, mae dy weddi wedi ei hateb," meddai'r gweinidog, "ond 'Na' oedd yr ateb." Edrychodd Tomi'n syn. Trodd y gweinidog i Lyfr y Salmau a darllen Salm 18, adnod 30: "Duw sydd berffaith ei ffordd."

"Y mae Duw bob amser yn iawn, Tomi. Roedd Duw yn gwybod beth roedd yn ei wneud, ac fe ŵyr yn iawn dy fod yn torri dy galon ar ôl Mic. Ond cofia, roedd yn rhaid meddwl am Mic hefyd. Mi ddywedodd y milfeddyg pe bai'n gwella, na allai gerdded byth. Pa fath fywyd fydda hynny i Mic, a sut faset ti wedi leicio ei weld yn gorwedd ddydd a nos yn methu symud?"

Edrychodd Tomi i fyw llygaid y gweinidog. Do, fe atebwyd y weddi, a deallodd Tomi hynny yn awr - ei hateb yn y ffordd orau a oedd yn bosibl.

Yr oedd Tomi yn ei le yn y capel y Sul wedyn.

Parti yn y Plas

Yr oedd bron yn amser i'r ysgol dorri am wyliau'r Nadolig, a llawer o sôn am Santa Clôs a phartïon ac anrhegion. Wrth fynd i'r ysgol, byddai John a Meri yn pasio llidiart fawr haearn y plas, ac yn aml iawn yn ymdroi wrthi a rhoi eu pennau trwy'r bariau ac edrych i fyny'r lôn a arweiniai at y plas. Sawl gwaith fe ddywedon nhw y naill wrth y llall, "Wel, mi hoffwn i fyw yn y plas mawr yna. Edrych ar y lawnt fawr a'r coed a'r blodau. Ond waeth i ni heb ag edrych - tyrd yn dy flaen." Ac ymlaen y byddai'n rhaid mynd.

Ond un diwrnod, a hwythau yn ymdroi wrth y giât, pwy ddaeth i lawr atyn nhw ond y foneddiges ei hunan. Roedden nhw'n ofni cael cerydd, ond na, gofynnodd y foneddiges yn garedig, "Hoffech chi ddod i'r plas?" Ac ychwanegodd, "Dwedwch wrth blant yr ysgol y cewch chi a hwythau ddod yma bnawn Sadwrn nesaf i barti Nadolig. Ond sylwch ar un amod bwysig, *rhaid i bob un fod yn lân - wyneb, dwylo a dillad.*"

"Diolch yn fawr iawn," meddai'r ddau, ac i ffwrdd â nhw i ddweud y newydd da wrth blant yr ysgol. Dyna falch oedden nhw - a'r fath edrych ymlaen at y Sadwrn. A'r noson cynt roedd pawb yn cael bath ac yn chwilio am ddillad glân, yn glanhau eu hesgidiau a chael popeth yn barod.

Daeth pnawn Sadwrn. Y tro hwn, nid sefyll wrth y giât a wnâi John a Meri ond ei hagor a cherdded drwyddi'n hapus braf.

Ond, pan oedd y ddau bron â chyrraedd y plas, syrthiodd Meri ar ei hyd - a dyna olwg oedd arni! Ei dwylo a'i choesau'n faw a'i dillad - wel! wel! Crio - beichio crio - wnaeth Meri gan ddweud ac igian rhwng pob gair bron, "Cha' i," meddai "ddim mynd i'r parti. Mae hi wedi dweud nad oes neb i fynd yno heb fod yn lân."

"Hitia befo," meddai John, "tyrd yn dy flaen ac mi ddyweda i beth sydd wedi digwydd."

Cyrhaeddwyd y drws mawr a churodd John yn ofnus ac wedyn canu'r gloch na welodd pan aethon nhw at y drws. Daeth y foneddiges garedig i'w agor. "Dowch i mewn," meddai, ond edrychodd yn syn ar Meri. "Oni ddywedais i ..."

"O do," meddai John gan dorri ar ei thraws, "ond syrthio

wrth ddod wnaeth hi - gadewch iddi ddod plîs."

"Na, fedra i ddim," meddai'r foneddiges, "rhaid i mi gadw fy ngair, a fyddwn i ddim yn deg â'r plant eraill pe bawn i'n gadael i chi ddod i mewn."

Daliai Meri i feichio crio.

"Arhoswch funud," meddai'r foneddiges, ac aeth â hi i mewn i'r plas yn reit handi rhag i neb sylwi, ac i'r ystafell molchi. "Dowch, 'merch fach i," meddai, "'molchwch yn lân ac mi af i chwilio am ffrog ichi."

Daeth i mewn â ffrog wen lân ar ei braich. Roedd yn ffitio i'r dim. Mor falch oedd Meri. Cafodd fynd i'r parti wedi'r cyfan. A dyna barti oedd o! Hen dro iddo ddod i ben a bod yn rhaid gadael y plas.

Mae gan Iesu Grist wledd i'w chynnig i ni, ac ni fydd terfyn arni, a phlas i fynd iddo na fydd rhaid troi cefn arno byth ond ar un amod yn unig. Os edrychwn ni yn llyfr olaf y Beibl, y bennod olaf ond un, a'r adnod olaf, mi welwn ni'r geiriau: "Ac nid â i mewn iddi ddim aflan, nac yn gwneuthur ffieidd-dra na chelwydd." Wyddoch chi fod pob gair cas, pob peth bach hunanol, yn peri fod calon pob un ohonom yn ddu ac yn fudr, ac y mae Duw wedi dweud, "Gwyn eu byd y rhai pur o galon canys hwy a welant Dduw," ac ni wnaiff dorri ei air.

Be wnawn ni? Sut y cawn ni fynd i'r plas a gweld y Brenin? A oes modd ein golchi? A oes gwisg i'w chael? Oes, mae modd. Ydych chi'n cofio stori'r mab hwnnw aeth i'r wlad bell a dod adre'n ôl yn ei garpiau? Gafodd o groeso gan ei dad? Do. Wyddoch chi beth ddywedodd y tad? "Brysiwch! Dewch â gwisg allan, yr orau, a'i gosod amdano... Gadewch inni wledda a llawenhau." Roedd y bachgen yn sorri ei fod wedi mynd i ffwrdd, ac mae'r tad yn maddau iddo.

Beibl Lowri

Roedd Lowri eisiau Beibl iddi ei hun ers talwm, ond dywedai ei thad a'i mam bod yn rhaid iddi gasglu'r arian ei hun i'w brynu. "Faint o arian sy gen ti yn y bocs bellach? Wyt ti wedi hel digon i brynu Beibl i ti dy hun?" Roedd Lowri, ers tro, wedi cadw pob dwy geiniog a phum ceiniog a gâi. Aeth i gyfrif yr arian. Roedd ganddi saith punt a thri deg ceiniog, a rhoddodd ei thad arian i'w wneud yn ddecpunt a dweud wrthi am fynd i'r dref i brynu Beibl yn ystod y dydd.

Wel, dyna falch oedd Lowri. Roedd hi wedi gweld Beiblau yn Smiths a darluniau ynddyn nhw am naw punt a 95 ceiniog ond ni feddyliodd erioed y byddai'n cael un felly i gyd iddi hi ei hun. Ganol y bore, aeth i'r dref. Cerddai'n ofalus hyd y pafin gan edrych i ffenestr y siop yma a'r siop arall. Daeth at Woolworth. Cerddodd i mewn. Byddai bob amser wrth ei bodd yn mynd o gwmpas siop Woolworth a sylwi ar y cant a mil o bethau a werthid yno. Gwasgai ei harian yn dynn yn ei phoced - edrychai ymlaen at gael mynd i Smiths y peth olaf cyn mynd adref.

Safodd wrth y cownter teganau - dolis, clowniau, moduron, trenau, wel popeth. Yna clywodd lais yn ei hymyl: "O! mami wnewch chi brynu'r trên yna i mi - wnewch chi plîs mami, wna i ddim gofyn am ddim am hir iawn eto - na wna wir. Plîs mami, plîs ga i o?"

Edrych Lowri ar yr hogyn bach penfelyn wrth ei hochr, ac yna ar ei fam a chlywodd hi'n dweud: "Fe wyddost fel yr hoffwn ei brynu i ti 'ngwas i, ond cofia fod dadi yn yr ysbyty ac mae'n rhaid i ni fod yn ofalus hefo'n harian am dipyn."

Syrthiodd wyneb yr hogyn bach, a dechreuodd grio. Yn wir, roedd yn torri ei galon, ond meddai, "O'r gora mami, prynwch baent i mi baentio yr hen drên sydd gen i a chogio mai hwnnw yw fy mhresant pen-blwydd i."

Edrychai'r fam yn drist iawn.

Gwrandawai Lowri. Gwyddai mai yn yr un stryd â hi yr oedd y bachgen bach yn byw, a chlywodd ei thad a'i mam yn dweud bod ei dad yn wael iawn heb obaith gwella.

Gwasgodd Lowri yr arian yn ei phoced, a gwasgodd ei gwefusau. Meddyliai: "Mi allwn i aros am y Beibl." Ond meddai llais arall, "Na pam bod raid i mi?"

Dyna'r ferch a werthai'r teganau yn sefyll gyferbyn â hi, ac yn sydyn gofynnodd Lowri beth oedd pris y trên. Dalia ei golwg ar yr hogyn a'i fam draw yn y siop. "Punt," meddai'r ferch. Prynodd ef yn ddi-oed, a cherddodd at yr hogyn bach a'i fam. Gwthiodd y parsel i'w law ac meddai, "Wnewch chi gymryd hwn gen i yn anrheg pen-blwydd." A chyn iddynt gael amser i ddiolch, roedd Lowri wedi mynd allan o'r siop.

Aeth heibio i Smiths gan gerdded yn gyflym. Roedd 'na ddeigryn yng nghornel ei llygaid, ond roedd hi'n hapus, hapus.

"Lle mae'r Beibl?" meddai ei thad wedi iddi gyrraedd y tŷ. Dywedodd Lowri yr hanes i gyd.

"Da, 'merch fach i," meddai ei thad, "fe bryna i Feibl iti - fory nesa. Rwy'n falch, yn hynod falch, iti fod mor garedig ac anhunanol."

Ac fe gafodd Lowri ei Beibl.

57

Cuddio Pechod

Roedd Ned un dydd Sadwrn wedi mynd i chwarae hefo Dafydd i'r fferm agosaf. Wedi bod yn chwarae hefo Dafydd am dipyn, daeth eisiau bwyd ar Ned, a meddyliodd y byddai'n well iddo fynd adre i chwilio am ginio. "Rwy'n mynd adre am fwyd," meddai wrth Dafydd, "mi fydda i'n ôl toc."

Rhedodd adre ac i'r gegin gan alw "Mam, mam," ond doedd dim golwg ohoni yn unman. Rhedodd allan i'r buarth a galw eto, "Mam, mam," ond nid oedd neb yn ateb. "Mae mam yn y dre mae 'n debyg," meddai wrtho ei hun. Aeth i'r pantri, ac ar y bwrdd carreg yr oedd dysglaid o bwdin reis melyn wedi bod yn y popty dros nos. "Pwdin at fory siwr," meddai, "ond fe gymera i dipyn bach ohono. Dechreuodd ar y pwdin, ac O! roedd o'n dda. Daliodd ati i fwyta yn ddygn. "Fe fydd mam yn ddig," meddai, "ond waeth befo". Roedd yn methu â chwythu, bron, pan aeth o'r pantri a gadael y ddysgl yn wag.

Erbyn hyn roedd arno ofn gweld ei fam yn dod adref a gweld y ddysgl wag. Ar hynny, dyna'r hen gath o gwmpas ei goesau. "Mali, Mali, tyrd yma," meddai Ned. Gafaelodd ynddi, rhedeg at y pantri, agor y drws, a thaflu'r gath i mewn. "Dyna ni," meddai "bydd mam yn meddwl mai Mali wnaeth fwyta'r pwdin a cha i ddim drwg."

Daeth ei fam yn ôl o'r dref a dechrau paratoi cinio. Aeth Ned allan, a thoc clywai ei fam yn galw, "Ned, Ned lle'r wyt ti? Tyrd yma."

"Mae cinio'n barod," meddai Ned wrtho'i hun, er nad oedd arno lawer o'i eisiau erbyn hyn.

"Ned," meddai ei fam, "dw i ddim yn meddwl fod gen ti eisiau llawer o ginio chwaith." Aeth Ned yn goch at fôn ei glustiau, a methai ddeall sut y gwyddai ei fam mai ef a fu'n bwyta'r pwdin.

"Weli di 'machgen i," meddai hi, "roeddet ti wedi meddwl y gallet ti roi'r bai ar Mali druan am fwyta'r pwdin ond roeddet ti wedi anghofio nad yw'r gath yn defnyddio llwy i fwyta."

Roedd cywilydd mawr ar Ned. Gwyddai fod ei fam yn ddig wrtho, yn llawer dicach wrtho am geisio cuddio ei fai na phe bai wedi ei gyfaddef.

Mae yna adnod yn y Beibl sy'n dweud: "Y neb a guddio ei bechodau, ni lwydda: ond y neb a'u haddefo, ac a'u gadawo, a gaiff drugaredd" (Diarhebion 28:13).

Fe geisiodd Ned guddio'i bechod, ac roedd e'n meddwl ei fod wedi cael cynllun go dda wrth dreio rhoi'r bai ar y gath. Byddai'n well o lawer pe bai wedi cyfaddef. Er nad yw llygaid dad a mam arnom o hyd, na llygaid ein hathrawon chwaith, cofiwn fod Iesu Grist yn ein gweld ym mhob man, ac yn ein gweld yn gwneud pob peth, a hynny bob amser.

Na, nid wrth geisio cuddio bai y ceir maddeuant, ond wrth ei gyfaddef a pheidio â'i wneud eto.

Y Dewis Gorau

Derbyn anrhegion y byddwn ni ar ein pen-blwydd, ond dyma stori am rywun yn rhoi anrhegion ar ei ben-blwydd. Roedd yna ŵr cyfoethog yn byw yn Llundain, a'i arfer ef ar ei ben-blwydd oedd galw ei weision a'i forwynion ato i'w ystafell i roi anrheg iddyn nhw. Y dewis y tro hwn oedd Beibl neu bapur decpunt.

Y *chauffeur* ddaeth, ato gyntaf. "Pa un gymerwch chi?" gofynnodd y meistr, "y Beibl neu bapur decpunt?"

"Wel, Syr," meddai'r *chauffeur*, "ychydig iawn rwy'n ei ddeall ar y Beibl, fe gymera i y papur decpunt, os gwelwch yn dda."

Y garddwr ddaeth nesaf, a dywedodd ei fod yn arfer chwarae criced pan nad oedd yn gweithio a bod arno angen "pads" newydd - a'r arian a gymerai ef.

Yna daeth y gogyddes, gwraig radlon siaradus. "Meistr bach, does gen i ddim amser i ddarllen y Beibl wedi i mi wneud bwyd i bawb yn y lle yma. Bydd yn dda gen i gael y decpunt i brynu ffrog newydd. Diolch yn fawr, Syr."

Y forwyn ifanc ddaeth nesaf, a dywedodd hi nad oedd hi'n credu dim yn y Beibl, ond byddai wrth ei bodd yn cael yr arian i fynd i'r Bingo a'r pictiwrs.

Dim ond y gwas bach oedd ar ôl, a daeth yntau i mewn â'i gap yn ei law at y gŵr bonheddig.

"Beibl neu ddecpunt," meddai'r meistr, gan ychwanegu - "mae digon o eisiau siwt arnat ti Tomi."

Chwaraeai'r gwas bach â'i gap gan ei drosi yn ei law, ac meddai'n swil, "Roedd mam, Syr, yn arfer darllen y Beibl bob dydd, a chlywais hi'n dweud lawer gwaith ei fod yn fwy o drysor iddi na llawer o arian ac aur. Fe gymera i y Beibl os gwelwch yn dda, Syr."

Fe'i cafodd, a phrysurodd i'r gegin a'r Beibl dan ei gesail. Dyna lle'r oedd y gweision eraill yn siarad ar uchaf eu llais ac yn dadlau sut i wario deg o bunnoedd.

Pan welon nhw Tomi yn dod hefo'r Beibl dan ei gesail, medden nhw, "Yr hen hogyn dwl, pam na wnest ti gymryd y pres? Pa ddefnydd fydd hwnna i ti?"

Ond eisteddodd Tomi i lawr wrth ymyl y bwrdd mawr a

dechrau troi dalennau'r Beibl yn ofalus ac ymdroi uwchben ambell lun lliw. Ac wrth droi felly, beth a gafodd yng nghanol y Beibl ond papur decpunt! Dyna edifar oedd y lleill yn awr pan welon nhw beth a ffeindiodd Tomi yn ei Feibl, ond yr oedd yn rhy hwyr yn awr.

Gwnaeth Tomi y dewis gorau.

Guto Cwyno Mawr

Mae yna sôn yn y Testament Newydd am ddyn rhyfeddol iawn. Ni fyddai byth yn cwyno er bod ganddo lawer o achos i wneud hynny. Fel hyn y byddai'n dweud pe bai'n fyw heddiw, "Yr wyf wedi dysgu sut bynnag y mae hi arnaf i beidio â chwyno ond i fod yn fodlon."

"Rhaid bod bywyd braf arno," meddech. Bobol annwyl, nag oedd. Cafodd ei erlid a'i ymlid; cafodd ei guro a'i chwipio; bu mewn carchar droeon, ac nid am ei fod yn ddyn drwg; bu heb fwyd a dillad a diod; bu mewn peryglon enbyd. Wrth hwylio mewn llong ar ei deithiau, cafodd ei longddryllio deirgwaith; bu'n unig ac yn dlawd - y cwbl yna a mwy, ac eto ni fyddai'n cwyno a byddai bob amser yn fodlon. Dysgu bod yn fodlon. Dyna beth anodd. Sut y dysgodd e? Fuodd mewn ysgol neu goleg arbennig i ddysgu hyn? Pwy a'i dysgodd e, a phwy oedd y gŵr rhyfedd yma?

Paul oedd ei enw, ac mae llawer o'i hanes yn Llyfr yr Actau, ac fe ysgrifennodd lawer o lythyrau. Yr oedd y gŵr yma wedi derbyn yr Arglwydd Iesu Grist i fyw yn ei galon.

Yr oedd hefyd wedi gofyn i Iesu Grist, "Beth wyt ti isio i mi ei wneud?" ac fe wyddai o'r gorau mai nid tuchan a chwyno oedd yr ateb.

Glywsoch chi am Guto Cwyno Mawr? Mae'n cwyno wrth godi yn y bore, ac yn cwyno wrth fynd i'r gwely. "Dim isio codi rwan," meddai, "dim isio mynd i'r gwely rwan."

"Dim isio hwn," meddai wrth wisgo, a "dim yn leicio hwn," meddai wrth fwyta. A'r tywydd - mae'n rhy wlyb, neu'n rhy oer, neu'n rhy boeth i chwarae. O fore Llun hyd ddydd Gwener, yr ysgol sydd o dani, ac ar ddydd Sadwrn grwgnach a wna am nad oes ganddo ddim i'w wneud, ac ar ddydd Sul, cwyno fod yn rhaid mynd i'r capel, wrth gwrs.

Mewn gair, os yw Guto Cwyno Mawr yn ymyl, mae e'n sobor o flin, yn groes ac yn anhapus, ac nid oes wahaniaeth beth a gaiff na beth a wna - nid yw byth yn fodlon.

Fe glywais stori ers talwm am frenin a chanddo ardd hyfryd iawn, ond rhyw ddiwrnod digwyddodd rhywbeth od iawn yn yr ardd. Aeth y coed a'r blodau i gyd i duchan a chwyno. Doedd neb wedi gweld na chlywed y fath beth erioed. Roedd y pren derw yn cwyno am nad oedd ganddo flodau fel y coed rhosod, a'r coed rhosod yn tuchan am nad oedd arnynt ffrwyth fel y pren eirin. Roedd y blodau coch yn cwyno am nad oedden nhw'n wyn, a'r lili wen dal yn cwyno am nad oedd hi fel y lili wen fach. Welsoch chi'r fath beth erioed? Y cwbl yn cwyno.

Y cwbl? Wel, y cwbl ond un blodyn bach. Sylwodd y brenln fod un friallen fach yn edrych yn hollol fodlon, ac meddai wrthi, "Pam wyt ti mor fodlon yng nghanol yr holl gwyno yma?"

"Wel," meddai'r friallen fach, "roeddwn i'n meddwl fod arnoch f'eisiau yma, neu fyddech chi ddim wedi fy mhlannu fi yma, ac felly rwyf am fod y friallen orau fedraf."

Rwy'n hollol siwr na all yr un plentyn na neb wedi tyfu i fyny fod yn fodlon ac yn hapus, beth bynnag a ddigwydd, os nad ydi Iesu Grist yn cael lle yn ei galon. Pan gaiff Ef ei le, mae Guto Cwyno Mawr yn mynd yn llawer iawn distawach. Mae ar Iesu Grist ein heisiau, a chydag Ef y dysgwn fod yn fodlon lle'r ydym, ac y dysgwn fyw orau allwn iddo Ef.

Y Sipsi Fach a'r Arlunydd

Arlunydd yn byw yn ymyl yr afon Rhein oedd Stenburg. Un diwrnod gwahoddodd ferch fach o sipsi i'w ystafell er mwyn cael tynnu ei llun. Edrychai'r ferch fach gyda syndod ar y gwahanol luniau ar y muriau. Hoeliwyd ei llygad ar lun o'r Croeshoeliad. "Pwy yw nacw?" holai'r sipsi fach. "Iesu Grist" meddai'r arlunydd yn ddidaro reit. "Be maen nhw'n ei wneud iddo?" gofynnodd y sipsi fach. "Ei groeshoelio," atebodd yr arlunydd yn sarrug. Daliai'r sipsi fach i holi. Aeth yr arlunydd yn ddig, a dywedodd wrthi ei fod yn talu iddi am eistedd iddo ef gael tynnu ei llun ac nid i ofyn cwestiynau. Er hynny ni allai'r ferch fach dynnu ei llygaid oddi ar y darlun, a mentrodd gwestiwn arall. "Pam gafodd ei groeshoelio? Oedd e'n ddyn drwg iawn?"

"Na," meddai Stenburg, "roedd e'n dda - yn dda iawn."

Ac yna mwy o holi. Pam hyn a pham y llall nes collodd yr arlunydd ei dymer. "Gwranda," meddai wrthi. "Os dweda i stori Iesu Grist wrthyt ti yn fyr, wnei di stopio holi?"

Iddo ef, hen stori ydoedd, ond iddi hi, stori newydd sbon. Gallai ef ddweud y stori yn gwbl ddideimlad a didaro, a gallai baentio'r llun heb deimlo dim. Ond nid felly'r sipsi fach, ac wrth adael yr ystafell wedi derbyn ei thâl, trodd i gymryd un golwg arall ar y darlun, ac meddai wrth yr arlunydd, "Mae'n rhaid eich bod yn ei garu yn fawr iawn ac yntau wedi gwneud cymaint drosoch chi."

Gwridodd yr arlunydd. Aeth yn goch at fôn ei glustiau. Aeth y sipsi fach allan, ond arhosodd ei geiriau i boeni'r arlunydd. Roedden nhw'n dod yn ôl i'w feddwl bob dydd ac yn arbennig pan edrychai ar y darlun. Poenid ef gymaint nes iddo fynd i siarad â chwmni bach o Gristnogion yn y dref. Holai sut i gredu yn Iesu Grist a sut y gallai ddysgu ei garu. Wedi misoedd hir o holi a meddwl, gallai ddweud ei fod yn caru Iesu Grist. Dyn gwahanol iawn a baentiai ddarluniau o'r Iesu ar ôl hynny.

Un peth yw gwybod y stori ond peth arall yw caru yr Un mae'r stori yn sôn amdano a gwybod mai nid ar groes y mae heddiw - nac mewn bedd. Mae Iesu Grist yn fyw.

64

Breuddwyd Ifan

Nos Sul yn nechrau blwyddyn oedd hi. Bu mam Ifan yn y capel, ond ni fu Ifan na'i dad yno. Gwell oedd gan Ifan fod fel ei dad ac aros adre i weld y teledu. Roedd yn gas ganddo ddysgu adnod ac ni welai ddim hwyl mewn darllen y Beibl - rhyw hen lyfr mawr sych. Ac roedd yn methu deall pam fod ei fam yn ei ddarllen. Gwell ganddo fe oedd ei gomics. Ni chymerai fawr o ddiddordeb mewn storïau am Iesu Grist - rhywun wedi byw yn y byd amser maith yn ôl. Storïau cowboys a mynd i'r gofod oedd orau.

A phethau fel yna âi drwy feddwl Ifan pan anfonwyd ef i'w wely. Clywodd ei fam yn galw o'r gegin, "Ddywedaist ti dy bader 'ngwas i?"

"Do," meddai, "ond nid oedd wedi gwneud chwaith; hwyrach y gwnâi wedi mynd i'r gwely ond caeodd ei lygaid a chysgodd ar unwaith.

Agorodd ei lygaid. O leiaf, meddyliai ei fod wedi'u hagor, a gwelodd ei hun yn eistedd mewn cadair freichiau, a rhywun arall yn eistedd yr ochr arall - ie, rhywun nad oedd erioed wedi ei weld o'r blaen - dyn blêr, budr a digon diolwg.

Dychrynodd Ifan ychydig, ac meddai wrtho, "Pwy ydych chi?"

"Y ti 'machgen i," oedd yr ateb, "y ti fel y byddi di yn f'oed i os na wnei di altro a newid dy feddwl am lawer o bethau. Tyrd gyda mi ac fe ddangosa i ti sut i fynd yr un fath â mi."

Ceisiodd Ifan redeg i ffwrdd ond methai yn ei fyw â symud. Yn lle hynny, cafodd ei hun yn sefyll wrth ochr y dyn diarth, yn edrych ar hyd twnnel hir, hir, gydag ambell lygedyn o oleuni ynddo yma ac acw.

"Tyrd," meddai wrth Ifan, "rhaid mynd trwy'r twnnel."

"Na, na," meddai Ifan.

"Mae'n rhaid i ti," meddai'r dyn, "ffordd bywyd sy'n mynd trwy'r twnnel hwn ac mae'n rhaid i bawb ei cherdded. Mae pawb - yn blant, pobl ifainc a phobl mewn oed - yn mynd trwy fywyd, ac mae bywyd yn ddigon tywyll, hyd yn oed i hogyn bach, os na fydd golau ynddo i ddangos y ffordd.

"Ond rwy'n gweld golau," meddai Ifan.

"Oes y mae golau," meddai'r dyn, "ond tyrd yn dy flaen."
Roedden nhw'n cerdded at lamp a'r geiriau hyn arni:
DYDD YR ARGLWYDD – DYDD DUW
Cyn gynted ag y daethon nhw at ymyl y lamp, diffoddodd ei golau. Wel, roedd hi'n dywyll.
"Pam wnaethoch chi ddiffodd y golau?" holodd Ifan.
"Y fi?" meddai'r dyn, "na, ti a ddiffoddodd y golau. Oni wyddost ti fod Duw wedi gorchymyn i ni gadw ei ddydd, a beth wnest ti heddiw? Gwrthod myndi'r capel hefo dy fam ac aros adre hefo dy dad i edrych ar y teledu. Gwrthod parchu dydd Duw. Ti wnaeth ddiffodd y golau."
Toc fe ddaethon nhw at lamp arall ac arni y geiriau:
GAIR DUW.
Diffoddodd hon hefyd.
"Oni ddywedaist ti," meddai'r dyn, "fod yn well gen ti gomics na'r Beibl? A dyna yw'r Beibl, 'machgen i – "Llusern yw dy air i'm traed a llewyrch i'm llwybr." Ti wnaeth ddiffodd y golau.
Crynai Ifan. Dyma nhw'n mynd ymlaen a dod at lamp arall yn y tro, ac arni y gair hwn:
GWEDDI.
Ond diffodd wnaeth hon hefyd.
"Ddywedaist ti mo dy bader, yn naddo, er iti ddweud dy fod wedi gwneud?"
Yr oedd Ifan bron â chrio erbyn hyn, a gobeithiai'n fawr na fyddai'r lamp nesaf yn diffodd fel y lleill. Y geiriau ar y lamp nesaf oedd:
MAB DUW.
Ond diffodd wnaeth y lamp honno hefyd, gan adael y ddau mewn tywyllwch dudew. "Ti yw'r bachgen bach a ddywedodd fod yn well ganddo storïau cowbois na rhai am Iesu Grist yntê? Iesu yw goleuni'r byd, ac rwyt ti yn ei wrthod, a does yr un golau ar ôl yn awr – dim un. Fe awn ar goll yn y twllwch yma, ac ar goll am byth." Dechreuodd Ifan grio dros y lle.
"Ifan, Ifan," galwodd ei fam gan ei ysgwyd, "rwyt ti'n breuddwydio."
Dyma Ifan yn deffro o'i freuddwyd a rhoi ochenaid o ryddhad. Ond ni fu byth yr un bachgen ar ôl hynny.

Y Moch a'r Ffa

Roedd yna ddau ddyn mewn pentref yn cadw moch i'w pesgi. Pan oedd y moch wedi mynd yn ddigon tew, byddai'r ddau ddyn yn mynd â nhw i'r lladd-dy oedd yn ymyl. Roedden nhw mor agos at y lladd-dy, dim ond eisiau cerdded ychydig lathenni oedd rhaid.

Roedd un o'r ddau ddyn yn methu'n glir â deall sut yr oedd y llall yn llwyddo i fynd â'i foch i'r lladd-dy mor ddidrafferth, tra treuliai ef hanner ei ddiwrnod yn rhedeg ar ôl y moch i geisio eu cael yno.

"Sut wyt ti'n mynd â'r moch i'r lladd-dy mor ddidrafferth?" gofynoddi'w gymydog un diwrnod, "a minnau'n methu yn fy myw â'u cael yno."

"Wel, mae'n hollol syml," meddai ei gymydog. "Cyn cychwyn mi fydda i'n llenwi fy mhocedi hefo ffa. Yna mi fydda i'n cychwyn o flaen y moch, a gollwng y ffa ar f''ôl ar y ffordd. Mae'r moch mor hoff o ffa ac mi fyddan nhw'n dod ar f'ol i'r lladd-dy yn gwbl ddidrafferth."

"Rwyt ti'n un slei iawn," meddai ei gymydog. Ac roedd e'n un slei yn toedd? Cyfrwys iawn. Ond un felly yw'r Un drwg hefyd. Un slei dros ben. Gollwng ei ffa y mae yn iard yr ysgol neu ar y ffordd neu gartref, gollwng ei ffa ar lwybr plant (a phobl) sy'n ffraeo, ac wrth ei fodd yn eu cael i wylltio, i daro, i daeru ac arfer iaith hyll.

Ond gwyliwch chi, mae'n reit hoff o ollwng ei ffa ar ein llwybrau ninnau hefyd. A'r drwg yw ein bod yn leicio'r ffa ac yn methu peidio â'u bwyta. Dweud anwiredd fan hyn, colli tymer weithiau, bod yn hunanol ambell dro, bod yn anufudd i'n rhieni ac i athrawon yn yr ysgol a'r Ysgol Sul, twyllo dipyn bach, arfer geiriau hyll, ateb yn ôl yn gas, hel esgus dros aros gartref o'r ysgol a'r capel a llawer peth arall. Rydyn ni'n cael blas ar y ffa - wel, dros dro, beth bynnag. Ond cofiwn, faint bynnag y mwynhad, mai trist yw pen-draw y llwybr yna bob tro.

Y Daith i Lundain

Efallai i chi deithio ar drên rywdro, trên enbyd o lawn, heb lawer o le i chi symud. Roeddech chi'n baglu ar draws y bagiau a'r pramiau yn y coridorau, roedd pob compartment yn llawn, ac roedd ambell un hunanol yn cymryd sedd i'w fagiau yn ei ymyl, ac yn gwrthod eu symud i adael i rywun arall eistedd yno.

Un tro, roedd yna deithiwr hunanol felly yn teithio ar drên i Lundain. Dyn yn gwisgo siwt oedd e, ac roedd golwg bwysig ac anghyfeillgar arno. Eisteddodd yn un o'r seddau gorau yn y trên llawn, heb wneud unrhyw osgo ei fod am adael i unrhyw un arall eistedd yno. Heb fod yn fodlon ar hynny, cadwodd sedd arall iddo ei hun wrth ei ochr drwy osod ei fag trafaelio ar y sedd. Edrychodd y bobl o'i gwmpas yn syn arno.

Roedd y trên ar fin cychwyn, a'r gard ar fin codi ei fraich. Ac yn sydyn dyma lanc ifanc yn rhuthro ar draws y platfform, agor drws y trên ac i mewn i'r lle yr oedd yr hen ŵr. Closiodd pawb at ei gilydd i geisio gwneud lle, a'u llygaid ar y bag wrth gwrs.

"Mae'r lle yma'n llawn," meddai'r dyn pwysig yn flin. "I'm cyfaill mae'r sedd yma. Mae e wedi mynd i brynu papur newydd ar y platfform. Mi adawodd ei fag yma, ond mi ddaw yn ôl mewn munud."

Ond dweud celwydd oedd y dyn pwysig. Ei fag ei hun oedd wrth ei ymyl.

Ond ni chymerodd y llanc fawr o sylw, dim ond dweud, "O'r gorau, mi arhosa i yma i gael fy ngwynt, nes daw eich ffrind." Cymerodd y bag ar ei lin a dweud, "Os na ddaw o rwan, mi gollith y trên achos mae'r trên ar fin cychwyn."

Yn gwbl ofer yr edrychai'r dyn pwysig ar y llanc. Ond, wrth gwrs, ni ddaeth y "cyfaill", a chychwynnodd y trên yn araf o'r orsaf. Fel y cyflymai ychydig, cododd y llanc, aeth at y ffenestr, edrychodd allan a thaflodd y bag i'r platfform gan ddweud, "Mae'n rhaid fod eich ffrind wedi colli'r trên ac mi fyddai'n biti iddo golli ei fag yn y fargen."

Fe wylltiodd y dyn pwysig yn enbyd, ond ni haeddai gydymdeimlad, ac ni chafodd ddim. Cafodd eithaf colled. Mae'r

Beibl yn dweud fod cosb i'w chael am wneud drwg. Dywedodd anwiredd, bu'n hunanol, ac yn wir bu'n anonest. Cafodd ddwy sedd am bris un, ond fe gollodd ei fag a'r cwbl oedd ynddo.

Meistr drwg yw'r Un drwg - drwg yw ei waith. Ond y peth gwaethaf oll yw'r cyflog a dâl.

Y Coed

Ar dir y ffermdy lle cefais fy magu, roedd coedwig fawr. O leiaf, edrychai'n enbyd o fawr i mi bryd hynny, a byddwn yn mynd am dro yno. Ond roeddwn i tua deg oed cyn mentro i'w chanol. Roedd hi mor dywyll a thawel, a rhywsut prysuro yn ôl i'r ymylon a wnawn, a'r stori "Babes in the Wood" yn fyw yn fy nghof.

Stori am goedwig debyg sydd gen i y tro hwn. Yn hon yr oedd llawer math o goed yn tyfu - rhai bach a rhai mawr, rhai praff a rhai main, rhai yn bwrw eu dail ac eraill yn eu cadw. Ac fel rhyw frenin arnyn nhw i gyd yr oedd derwen fawr.

Ac meddai'r brenin wrth y fedwen un diwrnod, "Beth garet ti fod ar ôl iti dyfu a chael dy dorri i lawr?"

"O," meddai'r fedwen fach, "fe garwn i gael fy ngwneud yn wely bach twt i fabi bach."

"Ho!" meddai'r dderwen fawr, "gwely, ie?" Yna meddai'r dderwen wrth yr onnen dal, "Beth garet ti fod?"

"Y fi?" meddai'r onnen, "fe garwn i gael fy ngwneud yn llong fasnach i gario aur ac arian a phethau gwerthfawr dros y moroedd."

"Felly'n wir," meddai'r brenin.

Yna gofynnodd i'r ffynidwydden syth beth a garai hi fod.

"Wel," meddai'r ffynidwydden, "does gen i ddim eisiau cael fy nhorri i lawr o gwbl - dim ond tyfu, tyfu a garwn i - tyfu i fyny, fyny, i bwyntio at yr haul, y lleuad a'r sêr, i bwyntio at Dduw o hyd."

"Diar mi," meddai'r brenin, "dim eisiau dy dorri i lawr - hym! cawn weld."

Daeth y coedwigwyr i'r goedwig un diwrnod a dechrau torri'r coed. Curo, curo; llifio, llifio. Ac i lawr y daeth y coed bob un gydag andros o sŵn. Torrwyd eu canghennau i gyd, ac yna eu codi ar lorri fawr a'u cario ymhell i iard goed.

Roedden nhw'n gorwedd yn glòs at ei gilydd, ac weithiau clywid y fedwen yn dweud, "Mi fydda i yn wely bach twt ryw ddiwrnod."

"A minnau'n llong hardd," meddai'r onnen. Gofidio wnâi'r ffynidwydden iddi gael ei thorri o gwbl oherwydd yr oedd arni gymaint o awydd am dyfu i fyny, fyny i bwyntio at Dduw, a dyma hi ar ei hyd ar lawr - Wel! Wel!

Daeth ffermwr i'r iard un diwrnod. Eisiau pren hwylus i wneud preseb i roi bwyd i'w wartheg yr oedd. "Dyma fo i'r dim," meddai gŵr yr iard gan bwyntio at y fedwen. "Beth!" meddai'r fedwen wrthi ei hun, "fi yn breseb i hen warteg a'r rheini'n llyfu a chwythu a phesychu a slefrian uwch fy mhen. Ych a fi! A minnau eisiau bod yn wely bach twt i faban bach. Ond fe gafodd fod yn wely, ac yn wely i faban bach hefyd, oherwydd yn y preseb hwnnw y ganwyd Iesu Grist.

Dro arall daeth gŵr i chwilio am goed i wneud llong bysgota. "Mae'r union beth gen i," meddai'r dyn, gan ddangos yr onnen. "Llong bysgota, wir," meddai'r onnen. "Llong i ddal pysgod drewllyd! Llong i hen bysgotwyr fy sathru! Wel, wel, a minnau am fod yn llong i gario aur ac arian a phethau gwerthfawr dros y môr." Ond fe gafodd fod yn llong, ac yn llong i gario rhywbeth, neu rywun gwerthfawr iawn, iawn. Dyma'r llong y pregethodd Iesu Grist un o'i bregethau ynddi.

Milwr oedd y nesaf a ddaeth i'r iard goed. Chwilio am goeden i wneud croes oedd hwn. "Dyma'r goeden i chi," meddai gŵr yr iard. Ffynidwydden gref ac union.

"O! O! doeddwn i ddim eisiau cael fy nhorri i lawr o gwbl," meddai'r ffynidwydden, ac os cymerwch chi fi, bydd yn rhaid imi gael fy nhorri eto a'm hoelio. Ow! Ow!" Ond eisiau pwyntio at Dduw yr oedd y ffynidwydden, ac fe gafodd wneud hynny. Oherwydd o hon y gwnaed croes yr Arglwydd Iesu, ac arni y croeshoeliwyd Iesu Grist drosoch chi a throsof fi i agor ffordd i'n pwyntio at Dduw.

Ydych chi'n fodlon cael eich defnyddio gan Iesu Grist, a hynny yn yr union ffordd y carai Ef eich defnyddio?

Colli a Chael

Daeth tristwch dros y pentref. Roedd rhaid i lawer o'r bechgyn mawr a'r tadau fynd i'r rhyfel. Ychydig a ddaeth yn ôl. Do, fe'u lladdwyd, a phe âi un ohonom am dro i'r pentref fin yr hwyr ar adeg arbennig o'r flwyddyn fe sylwai fod cannwyll yn olau yn ffenestr cegin llawer cartref, yn arwydd fod y teulu wedi colli mab neu dad yn y rhyfel. Ambell dro gwelid dwy.

Eisteddai Siôn bach ar silff y ffenestr a'i drwyn yn dynn ar y gwydr. Gallai weld y pentref bron i gyd. Yr oedd wedi cyfrif un, dwy, tair, pedair, pump cannwyll yn barod. "Dadi," meddai Siôn bach yn sydyn, "dacw Mr Jones y gweinidog, yn mynd heibio. Gawn ninnau fynd am dro? Mi ga i weld pob cannwyll felly."

Cododd y tad, gwisgodd ei gôt ac estynnodd am ei ffon. Aeth y ddau allan. Gafaelai Siôn yn dynn yn llaw ei dad, ac wedi ychydig ddistawrwydd, meddai Siôn, "Does gen i ddim blewyn o ofn pan fyddwch chi'n gafael yn fy llaw. Does gynnoch chi yr un tad yn nac oes? Oes gynnoch chi ofn? Piti na fyddai gennych chi dad i afael yn ei law, yntê dad?"

"Ond 'machgen i," meddai yntau, "y mae gennyf un - y mae fy llaw i yn saff yn llaw fy Nhad Nefol ers talwm, a does gen i ddim ofn, Siôn bach."

Cerddai'r ddau drwy'r pentre, a sylwai Siôn ar bob cannwyll. Roedd e wedi colli cyfrif ers meityn. Roedd hi'n dywyll erbyn hyn, a gwelai'r tad y lleuad yn codi.

"Edrych Siôn," meddai, "dacw olau Duw."

"Dad," meddai Siôn, "ydi Duw wedi colli mab?"

Mewn ychydig atebodd y tad, "Do 'machgen i, ei unig Fab hefyd, ond weli di Siôn, nid ei golli a wnaeth Duw ond ei roi, a'i roi drosom ni er mwyn i ni gael gafael yn ei law a bod yn saff am byth."

"Ga i roi fy llaw yn llaw Duw?" gofynnodd Siôn, "neu a ydw i yn rhy fach."

"Na, Na," meddai ei dad, "does neb yn rhy fach i'w garu, na neb yn cael ei wrthod. Ac wedi i ti ddweud wrth Iesu Grist dy fod eisiau rhoi dy law yn ei law Ef a llaw ei Dad, bydd yn dweud wrthyt ti, 'ac nis dwg neb hwynt allan o law fy Nhad i', a 'Myfi a'r Tad un ydym.' Hollol saff Siôn bach."

Emyr yn y Siop Pob Peth

Gwyliau haf ydoedd ac roedd Emyr yn ddigon rhyw ddiflas. "Dim byd i'w wneud," meddai, "dw i wedi syrffedu."

"Dos i chwarae fachgen," meddai ei fam.

"Ond pa chwarae a alla i a'r rhan fwyaf o'm ffrindiau ar eu gwyliau i ffwrdd, a does dim gobaith i mi fynd i unman a 'nhad allan o waith."

Ciciai ei sodlau wrth fynd i lawr y stryd. Yna safodd wrth siop Sam Huws - "siop pob peth", ac edrych ar y mân bethau yn y ffenestr. Yna sylwodd ar y cerdyn yn y ffenestr yn uwch i fyny. "Yn eisiau - bachgen ysgol".

Ond twt, roedd Emyr wedi gweld cerdyn fel hyn yn siop Sam Huws lawer gwaith, a fyddai neb yn aros yn hir yno. "Ond," meddai Emyr wrtho ei hun, "fyddai waeth imi gynnig fy hun am dipyn y gwyliau yma. Byddai'n rhywbeth i'w wneud, a byddwn yn cael ychydig o bres poced, a dw i'n siwr y byddai 'nhad a mam yn fodlon."

Trodd ar ei sawdl, a rhedodd adre â'ï wynt yn ei ddwrn a gweiddi, "Nhad, mam, ble'r ydych chi? Mae Sam Huws eisiau bachgen ysgol i weithio iddo".

"Wel bobol annwyl, be sy'n bod arnat ti hogyn? Does dim yn od yn hynny, mae Sam Huws eisiau bachgen ysgol i weithio iddo o hyd."

"Oes," meddai Emyr, "ond rydw i am gynnig fy hun, os ydych chi'n fodlon."

"Ond Emyr bach, be wnaet ti yn fan yna? A fyddet ti ddim yno'n hir. Does neb yn aros hefo'r hen Sam Huws yn hir, er dwn i ddim pam chwaith," meddai tad Emyr.

"O gadewch imi fynd," meddai Emyr, "does gen i ddim i'w wneud yn y lle yma, ac mae wythnosau eto cyn i'r ysgol ddechrau."

"Wel, o'r gorau," meddai ei fam, "cei fynd ar ôl cinio i ofyn am job, ac mae'n well iti 'molchi a rhoi siwt go daclus amdanat. A chofia di yr hyn dw i wedi ei ddweud wrthyt ugeiniau o weithiau - cofia ddweud y gwir bob amser. Cofia fod yn onest ac yn ufudd, da chdi."

"Reit, mam. Dyma fi'n mynd." Ac i ffwrdd ag ef at siop Sam

Huws, ac i mewn i'r siop. Safai Sam Huws y tu arall i'r cownter, mewn côt wen. Dyn bychan a'i wallt yn gwynnu. "Wel 'machgen i," meddai, "be ga i estyn i ti?"

"Wedi gweld y cerdyn yn y ffenest yr ydw i, Syr, ac am gynnig fy hun."

"O felly," meddai Sam Huws. "Bachgen pwy wyt ti? Wyt ti'n mynd i'r Ysgol Sul? Fedri di gyfri arian?" Ac wedi gofyn amryw o gwestiynau, dywedodd Sam Huws, "Byddai'n dda iawn gen i gael hogyn dros yr ha' yma - mae cymaint o ymwelwyr o gwmpas, ond dydw i ddim yn hawdd fy mhlesio, cofia, a wnaiff pob bachgen mo'r nhro, ond rwy'n fodlon rhoi treial i ti. Tyrd bore fory am naw. Ac wedi setlo ei gyflog - ac wir, roedd o'n fwy nag yr oedd yn ei ddisgwyl - allan ag ef ac adre i roi'r hanes yn iawn i'w fam.

"Roedd yna bob math o bethau yno, mam," meddai, "a byddai dad wrth ei fodd hefo'r offer."

Aeth Emyr i'r siop erbyn naw y bore wedyn a llawer bore ar ôl hynny, ac aeth mis heibio. Roedd Emyr wrth ei fodd.

"Ydi o wedi dweud dy fod yn siwtio?" gofynnodd ei fam un noson.

"Wel, naddo, yr un gair," meddai Emyr, "ond dw i'n credu 'mod i yn gwneud yn eitha."

Un diwrnod, dyna glamp o ddynes swel i'r siop mewn het fawr flodeuog, ac meddai yn sarrug reit yn Saesneg, gan daflu parsel bach ar y cownter, "I had this potato peeler here yesterday, but this is no good to me. There's no edge whatsoever to it."

"I am very sorry, madam," meddai Mr Huws yn gwrtais, "I will gladly exchange it for another."

Cymerodd y wraig ef yn gwta ddigon a hwyliodd allan. Wedi iddi fynd, cydiodd Emyr yn y pliciwr a dweud wrth Mr Huws, "Waeth imi ei daflu i'r bin yn y cefn yn na waeth."

"Na, na," meddai Mr Huws, "rho ef yn ôl ar y silff a gwertha ef i'r nesa fydd eisiau pliciwr."

"Ond meistr," meddai yntau mewn syndod, "fedra i ddim."

."Fedri di ddim! Pam?" meddai'r meistr.

"Wel Syr," meddai Emyr, "peth anonest fyddai hynny."

"O felly," meddai Mr Huws, "os nad wyt ti'n fodlon ei werthu, fe gei fynd. Rhoddaf hyd bore fory iti ystyried."

Distaw iawn oedd Emyr y noson honno.

"Beth sy'n bod?" meddai ei fam, a daeth y stori allan i gyd.

"A mam, fedra i ddim ei werthu siwr a'r ddynes yn dweud nad oedd o yn dda i ddim."

"Na fedri, debyg iawn," meddai ei fam, "dos ato bore fory a dywed hynny wrtho eto, waeth befo dy gyflog."

Aeth Emyr am y siop drannoeth, ac roedd yn amlwg fod Sam Huws yn ei ddisgwyl. "Wel," meddai, "beth yw'r ateb?"

"Fedra i ddim, Syr. Rwy'n gwybod eich bod chi eisiau i mi fod yn ufudd, ond fedra i ddim a gwybod 'mod i'n gwneud rhywbeth anonest."

"Da, 'machgen i," meddai ei feistr er ei fawr syndod, "ardderchog. Rwyt yn fy mhlesio i'r dim. Ti yw'r union fachgen y bûm i'n chwilio amdano ers tro byd. Rhaid imi gael bachgen gonest, mae gen innau Feistr wyddost."

"Be!" meddai Emyr, "roeddwn i'n meddwl mai chi oedd y meistr."

"Na," meddai Sam Huws, "wyddost ti pwy ydi fy Meistr i? Paid ti â synnu rwan. Fy Meistr i er pan oeddwn dy oed di ydi Iesu Grist. Do, daeth i'm calon i fyw, ac rwy'n gweithio iddo byth er hynny. Tyrd, rwy'n disgwyl y doi di ata i ar ôl ysgol, a chofia, mi fydda i'n edrych am rywun i gymryd gofal y siop ymhen blwyddyn neu ddwy."

Dyna stori oedd gan Emyr i'w hadrodd wrth ei dad a'i fam y noson honno!

Stori'r Rheolwr

Paratoi at y Nadolig yr oedd pawb, a chyda hyn byddai'r siopau a'r banciau, ysgrifenyddion eglwysi, athrawon a gwŷr busnes ym mhob swyddfa yn paratoi eu llyfrau erbyn y flwyddyn newydd. Pawb yn paratoi, ac yn wir fe ddywedodd Iesu Grist stori un diwrnod am baratoi.

Roedd gan ŵr cyfoethog stad fawr a rheolwr ar y stad, ac wrth gwrs roedd y meistr yn trystio'r cwbl i'r rheolwr. Ond cafodd y meistr dipyn o fraw un diwrnod pan ffeindiodd fod y rheolwr yn lleidr. Ie, yn lleidr, ac wrth gwrs fe gafodd ei ddiswyddo. Lleidr ydoedd, ond lleidr cyfrwys, medrus, slei, ac yn un a baratôdd ar gyfer y dyfodol cyn iddo orfod gadael ei swydd.

"Be wna i?" meddai wrtho ei hun, "fedra i ddim labro. Mae'n gas gen i ofyn i neb am arian, ac mae'n rhaid imi ddod o'r picil yma rywsut a gwneud rhywbeth." Ac fe gafodd syniad. Fe alwodd y dynion yr oedd arnyn nhw arian i'w feistr at ei gilydd. Wyddom ni ddim faint o'r rhain oedd yna, ond fe wyddom beth wnaeth y rheolwr.

Daeth y dyledwr cyntaf.

"Faint sydd arnat ti i'r meistr?"

"Can mesur o olew," meddai hwnnw.

"Reit," meddai'r rheolwr, "cymer bin sgrifennu a newid ef i hanner cant."

Daeth yr ail ddyledwr.

"Faint sydd arnat ti i'r meistr?"

"Can mesur o wenith," meddai.

"Felly'n wir," meddai'r rheolwr, "beth am ei alw yn bedwar ugain mesur, ac anghofio'r gweddill."

Dyna a wnaeth gyda'r dyledwyr i gyd. Torri eu dyled i lawr - bob un ohonyn nhw, ac medden nhw, "Dyna reolwr clên, dyna ddyn ffeind, dyna hen foi iawn."

Do, fe gollodd ei job, ond fe enillodd ffrindiau ar gyfer y dyfodol. Mewn un gair - paratoi a wnaeth. Wyddoch chi, fe'i canmolwyd gan ei feistr, nid am fod yn anonest wrth gwrs, ond am fod mor gall a chyfrwys.

"Dysgwch wers," meddai Iesu Grist, "gan y rheolwr yna. Peidiwch byth â dilyn ei ddull, peidiwch byth â bod yn anonest, ond cofiwch fod mor awyddus a hwn i baratoi ar gyfer y dyfodol." Fe wyddoch beth yw arwyddair y *Boy Scouts*. "Bydd barod - *be prepared*." Dyna ddywed y wiwer fach wrth hel cnau yn yr hydref. Dyna ddywed yr adar wrth hel yn rhes ar wifren y teleffon. Dyna ddywed y ffermwr wrth drin y tir yn y gwanwyn a hel ei gnydau yn yr hydref. Welsoch chi'r adeiladydd yn cario tunelli o bridd o gae neilltuol ac yn gosod pegiau yn y ddaear. Beth a wna? Paratoi i godi tŷ.

Pam yr ewch i'r ysgol bob dydd? Paratoi wrth gwrs - paratoi i ddysgu, i basio arholiadau, i fynd i'r coleg, i chwilio am waith.

Meddai Iesu Grist wrth bobl ei ddydd, "Byddwch chwithau barod."

Rhowch groeso iddo Ef i'ch calon heddiw, a byddwch yn barod ar gyfer beth bynnag a ddaw yfory. Wrth dderbyn Iesu'n Waredwr heddiw, fe fydd gennych Iesu'n arweinydd yfory. Wrth gael Iesu'n Arglwydd heddiw, bydd Iesu'n ffrind ac yn gwmni yfory. Bechgyn a genethod ynfyd sy'n gwrthod paratoi.

Mae stori'r rheolwr i'w gweld yn Efengyl Luc, pennod 16.

Y Ddau Angel a'r Ddwy Fasged

Nid oes sôn yn y Beibl am Dylwyth Teg, ond y mae sôn am deithio i'r gofod heb na llong ofod na dim. Nid oes sôn am robot, ond mae llawer o sôn am angylion. Dau angel a dwy fasged sydd yn y stori hon. Cario newyddion drwg a newyddion da oedd y ddau angel, ac roedd y ddau angel yn cario basged bob un, y naill yn cario basged fawr a'r llall yn cario basged llai o lawer.

Beth yn y byd oedden nhw'n ei wneud yn cario basgedi, a'r rhai hynny'n wag hefyd?

Wel, dyma pam. Roedd yr angel â'r fasged fawr yn mynd i deithio eich ardal chi ac ardaloedd Cymru i gasglu "diolch" plant a phobl, a'r llall yn mynd i gasglu eu grwgnach, eu cwyno a'u tuchan. Ac meddai'r naill angel wrth y llall: "Er mai bach yw fy masged i, fe fydd yn hen ddigon - achos 'diolch' sydd gan bobl, a bydd dy fasged fawr di yn orlawn."

Ymaith â nhw yn y bore bach a'r haul yn codi'n dawel yn y dwyrain, a phan ddaethon nhw'n ôl roedd yr haul wedi mynd i'w wely a hithau'n nos.

O! roedd y ddau wedi blino'n enbyd ac yn edrych yn ddigon trist. Ac meddai'r angel â'r fasged fawr, "Mor drwm yw fy nghalon ac mor ysgafn yw fy masged. Prin y cefais ddigon o ddiolch i hanner ei llenwi, a wyddost ti mai o fannau annisgwyl y daeth llawer o 'r diolch - o ysgol plant o dan anfantais feddyliol, cartref y deillion, ysbytai i blant a phobl oedrannus a chartrefi i blant â rhyw nam arnyn nhw - rhai yn methu clywed, methu siarad a rhai yn methu symud hyd yn oed."

"Wyddost ti be," meddai'r angel â'r fasged lai, "rydw i wedi llenwi fy masged i'r ymyl gryn deirgwaith, a dydw i ddim wedi gorffen fy ngwaith eto - y fath rwgnach, yr holl gwyno a'r anniolchgarwch yng Nghymru fach dawel dlos, gwlad y dyffrynnoedd hardd, a'r mynyddoedd uchel, y llynnoedd llonydd, a'r afonydd a'r nentydd gwyllt, gwlad yr athrawon a'r ysgolion a'r colegau, gwlad yr ysbytai, gwlad y Beibl a rhyddid i addoli Duw bob amser. Ond wir, ychydig iawn o rieni a welais i yn darllen storïau mawr y Beibl i'w plant, ond rhyw rythu i focs yn swnian yng nghongl pob cegin bron, a dim cyfle i gael sgwrs na dim. Na, fûm i ddim allan o Gymru, fûm i ddim yn Rwanda, fûm i ddim yn Bosnia. Dim ond yng Nghymru fach. Ond O! y cwyno o Fôn i Fynwy.

Stori fach syml,
Does neb a wad,
Ond pe deuai'r angylion
Beth gasglent mewn difrif
O le i le yn ein gwlad?